光文社古典新訳文庫

永遠平和のために／啓蒙とは何か 他3編

カント

中山元訳

kobunsha classics

光文社

BEANTWORTUNG DER FRAGE : WAS IST AUFKLÄRUNG? 1784

IDEE ZU EINER ALLGEMEINEN GESCHICHTE
IN WELTBÜRGERLICHER ABSICHT 1784

MUTMAßLICHER ANFANG DER MENSCHENGESCHICHTE 1786

DAS ENDE ALLER DINGE 1794

ZUM EWIGEN FRIEDEN 1795

Author : Immanuel Kant

凡例

① 底本にした原文のテキストは、アカデミー版のカント全集第八巻『一七八一年以降の論文』である。この全集はボン大学のサイト（http://www.ikp.uni-bonn.de/Kant/verzeichnisse-gesamt.html）で行番号つきで公開され、参照しやすくなった。

② ◆で示した小見出しは、原文のものであり、◇で示した小見出しは、訳者がつけたものである。なお訳文は読みやすいように、適宜改行している。

③ 傍点を振ったのは、原文で隔字体（ゲシュペルト）で強調されているところである。

④ ［ ］で囲んだ部分は、訳者による補足である。

⑤ ラテン語がつけられている部分は、いくつかの例外を除き、ルビで読みを示したか、訳注で表記した。

⑥ 邦訳の引用文は、原文のテキストを参照して、訳者が手を加えていることが多い。

目次

永遠平和のために／啓蒙とは何か　他3編

啓蒙とは何か——「啓蒙とは何か」という問いに答える（一七八四年）

◇啓蒙の定義

啓蒙とは何か。それは人間が、みずから招いた未成年の状態から抜けでることだ。未成年の状態とは、他人の指示を仰がなければ自分の理性を使うことができないということである。[1] 人間が未成年の状態にあるのは、理性がないからではなく、他人の指示を仰がないと、自分の理性を使う決意も勇気ももてないからなのだ。だから人間はみずからの責任において、未成年の状態にとどまっていることになる。こうして啓蒙の標語とでもいうものがあるとすれば、それは「知る勇気をもて《サペーレ・アウデ》」[2]だ。すなわち「自分の理性を使う勇気をもて」ということだ。

◇未成年の利点

ほとんどの人間は、自然においてはすでに成年に達していて（自然による成年《ナートゥラーリテル・マーイヨーレネス》）、他人の指導を求める年齢ではなくなっているというのに、死ぬまで他人の指示を仰ぎたいと思っているのである。また他方ではあつかましくも他人の後見人と僭称《せんしょう》したがる人々も跡を絶たない。その原因は人間の怠慢と臆病にある。というのも、未成年の状態にとどまっているのは、なんとも楽なことだからだ。わたしは、自分の理性を働かせる代わりに書物に頼り、良心を働かせる代わりに牧師に頼り、自分で食事を節制する代わりに医者に食餌療法《しょくじ》を処方してもらう。そうすれば自分であれこれ考える必要はなくなるというものだ。お金さえ払えば、考える必要などない。考えるという面倒な仕事は、他人がひきうけてくれるからだ。

そしてすべての女性を含む多くの人々は、未成年の状態から抜けだすための一歩を踏みだすことは困難で、きわめて危険なことだと考えるようになっている。しかしそれは後見人を気取る人々、なんともご親切なことに他人を監督するという仕事をひきうけた人々がまさに目指していることなのだ。後見人とやらは、飼っている家畜たちを愚かな者にする。そして家畜たちを歩行器のうちにとじこめておき、この穏やかな家畜たちが外にでることなど考えもしないように、細心に配慮しておく。そして家畜がひとりで外にでようとしたら、とても危険なことになると脅かしておくのだ。

ところがこの〈危険〉とやらいうものは、実は大きなものではない。歩行器を捨てて歩いてみれば、数回は転ぶかもしれないが、そのあとはひとりで歩けるようになるものだ。ところが他人が自分の足で歩こうとして転ぶのを目撃すると、多くの人は怖くなって、そのあとは自分で歩く試みすらやめてしまうのだ。

◇未成年状態から抜けだせない理由

だからどんな人にとっても、未成年の状態がまるで生まれつきのものであるかのようになっていて、ここから抜けだすのが、きわめて困難になっているのである。この未成年状態はあまりに楽なので、自分で理性を行使することなど、とてもできないのだ。それに人々は、理性を使う訓練すら、うけていない。そして人々をつねにこうした未成年の状態においておくために、さまざまな法規や決まりごとが設けられている。これらは自然が人間に与えた理性という能力を使用させるために（というよりも誤用させるために）用意された仕掛けであり、人間が自分の足で歩くのを妨げる足枷《あしかせ》なのだ。

だれかがこの足枷を投げ捨てたとしてみよう。その人は、自由に動くことに慣れていないので、ごく小さな溝を飛び越すにも、足がふらついてしまうだろう。だから自分の精神をみずから鍛えて、未成年状態から抜けだすことに成功し、しっかりと歩むことのできた人は、ごくわずかなのである。

◇公衆の啓蒙

このように個人が独力で歩み始めるのはきわめて困難なことだが、公衆がみずからを啓蒙することは可能なのである。そして自由を与えさえすれば、公衆が未成年状態から抜けだすのは、ほとんど避けられないことなのである。というのも、公衆のうちにはつねに自分で考えることをする人が、わずかながらいるし、後見人を自称する人々のうちにも、こうした人がいるからである。このような人々は、みずからの力で未成年状態の〈くびき〉を投げ捨てて、だれにでもみずから考えるという使命と固有の価値があるという信念を広めてゆき、理性をもってこの信念に敬意を払う精神を周囲に広めていくのだ。

しかし注意が必要なことがある。それまで後見人たちによってこの〈くびき〉のもとにおかれていた公衆は、みずからは啓蒙する能力のない後見人たちに唆《そそのか》されると、みずからをこの〈くびき〉のもとにとどまらせるようにと、後見人たちに迫ることすらあるのである。これはあらかじめ植えつけられた先入観というものが、どれほど有害なものかをはっきりと示している。先入観は、それを植えつけた人々にも、そもそもこうした先入観を作りだした人々にも、いわば復讐するのである。こうして公衆の啓蒙には長い時間がかかることになる。

おそらく革命を起こせば、独裁的な支配者による専制や、利益のために抑圧する体制や、支配欲にかられた抑圧体制などは転覆させることができるだろう。しかし革命を起こしても、ほんとうの意味で公衆の考え方を革新することはできないのだ。新たな先入観が生まれて、これが古い先入観ともども、大衆をひきまわす手綱として使われることになるだけなのだ。

◇理性の公的な利用と私的な利用

ところが公衆を啓蒙するには、自由がありさえすればよいのだ。しかも自由のうちでももっとも無害な自由、すなわち自分の理性をあらゆるところで公的に使用する自由さえあればよいのだ。

ところでわれわれはあらゆる場所で、議論するなと叫ぶ声を耳にする。将校は「議論するな、訓練をうけよ」と叫ぶ。税務局の役人は「議論するな、納税せよ」と叫ぶ。牧師は「議論するな、信ぜよ」と叫ぶのである。好きなだけ、好きなことについて議論せよ、ただし服従せよと語っているのは、この世でただ一人の君主［フリードリヒ大王[3]］だけなのだ。

こうしてどこでも自由は制約されている。しかし啓蒙を妨げているのは、どのような制約だろうか。そしてどのような制約であれば、啓蒙を妨げることなく、むしろ促進することができるのだろうか。この問いにはこう答えよう。人間の理性の公的な利用はつねに自由でなければならない。理性の公的な利用だけが、人間に啓蒙をもたらすことができるのである。これにたいして理性の私的な利用はきわめて厳しく制約されることもあるが、これを制約しても啓蒙の進展がとくに妨げられるわけではない。

さて理性の公的な利用とはどのようなものだろうか。それはある人が学者として、読者であるすべての公衆の前で、みずからの理性を行使することである。そして理性の私的な利用とは、ある人が市民としての地位または官職についている者として、理性を行使することである。公的な利害がかかわる多くの業務では、公務員がひたすら受動的にふるまう仕組みが必要なことが多い。それは政府のうちに人為的に意見を一致させて、公共の目的を推進するか、少なくともこうした公共の目的の実現が妨げられないようにする必要があるからだ。この場合にはもちろん議論することは許されず、服従しなければならない。

しかしこうした機構《マシン》に所属する人でも、みずからを全公共体の一員とみなす場合、あるいはむしろ世界の市民社会の一人の市民とみなす場合、すなわち学者としての資格において文章を発表し、そしてほんらいの意味で公衆に語りかける場合には、議論することが許される。そのことによって、この人が受動的にふるまうように配置されている業務の遂行が損なわれることはないのである。

◇三つの実例

だからたとえば、ある将校が上官から命令されて任務につきながら、その命令が目的に適ったものではないとか、役に立たないなどとあからさまに議論するとしたら、それはきわめて有害なことだろう。命令には服従しなければならないのである。しかしその将校が学者として、戦時の軍務における失策を指摘し、これを公衆に発表してその判断を仰ぐことが妨げられてはならないのは当然のことである。

また市民は、課せられた税金の支払いを拒むことはできない。そして支払い時期が訪れたときに、こうした課税について知ったかぶりに非難するのは、すべての人に反抗的な行動を唆しかねない不埒な行為《スキャンダル》として罰せられるべきである。しかしその人がこうした課税が適切でないか公正でないと判断して、学者としてその考えを公表することは、市民としての義務に反するものではない。

教会の牧師も、キリスト教の教義を学んでいる者たちや教区の信徒には、自分が所属する教会の定めた信条にしたがって講話を行う責務がある。それを条件として雇われたからだ。しかしこの牧師が学者として、教会の信条に含まれる問題点について慎重に検討したすべての考えを、善意のもとで公衆に発表し、キリスト教の組織と教会を改善する提案を示すことは、まったく自由なことであるだけではなく、一つの任務《ベルーフ》でもある。良心が咎《とが》めるようなことではないのである。

教会の仕事を担う牧師の仕事を遂行する際には、教会の定めにしたがって、自分の名ではなく教会の名のもとで語らねばならない。自分の考えにもとづいて教える自由な権限はない。牧師は、「わたしたちの教会ではしかじかのことを教えています」とか「教会は教義の証明のために、これを証拠として使っています」と語るだろう。そして自分では確信をもって支持できないとしても、教える義務があると判断すれば、教区の信者たちに実践的に役立つと思えるすべての教義を活用するだろう。こうした教えのうちに真理が潜んでいる可能性も否定できないからであるし、内面的な宗教生活に矛盾するものがそこには含まれていないからである[4]。もしも矛盾するものが含まれていると考えるならば、牧師としての職をつづけることはできないはずであり、職を辞すべきなのである。

だから教会から任命された牧師が、教区の信者たちを前にして理性を行使するのは、私的な利用にすぎない。教区の集まりは、それがどれほど大規模なものであっても、内輪の集まりにすぎないからだ。この理性の私的な利用の場合には、牧師は自由ではないし、他者から委託された任務を遂行しているのだから、自由であることは許されない。ところが同じ牧師が学者として、本来の意味での公衆に、すなわち世界に向かって文章を発表し、語りかけるときには、理性を公的に利用する聖職者として行動しているのであり、みずからの理性を利用し、独自の人格として語りかける無制約な自由を享受するのである。公衆の後見人である聖職者が、宗教の問題に関して、みずからも未成年であるべきだと考えるのは不条理なことだ。こうした不条理な考え方は、その他の不条理を永続させる結果をもたらすだけなのだ。

◇人間性にたいする犯罪

宗教的な組織、たとえば教会会議またはオランダではクラシスと呼ばれている名誉ある教会会議は、ある不朽の教義を採用し、それを宣誓によってたがいに定めているが、そもそもそうした権利はないのではないだろうか。この会議の目的は、教会のすべての信者を絶えず監視し、信者を介してすべての国民にも絶えざる監視を及ぼすこと、これによってこうした教義に基づく制度を永続的なものとすることにある(5)。

しかしわたしは、そのようなことは不可能であると言いたい。人間が啓蒙されることを永久に妨げることを目的とした契約が締結されたとしても、それはまったく無効である。たとえこうした契約が最高の権力によって、帝国議会によって、そしてきわめて重々しい平和条約によって確認されたとしてもである。

もしも一つの世代の人々が集まって誓約し、次の世代の人々がきわめて貴重な認識を拡張し、誤謬《ごびゅう》をとりのぞき、さらに一般に啓蒙を推進することを禁じたとしたら、それは許されないことである。これは人間性にたいする犯罪とでも呼ぶべきものであろう。人間性の根本的な規定は、啓蒙を進めることにあるのである。だから次の世代の人々はこのような決議を、そもそも締結する権限のない者たちが勝手に定めたこととして、廃止することができるのである。

そもそもある国民にどのようなことがらを法として定めることができるかを確認するには、国民がみずからその法を定めうるかどうかを調べてみればよい。たしかに、やがて改善されるという期待のもとで、限られた短い期間であれば、望ましくない制度を採用することはありうるだろう。その場合には、すべての市民、とくに聖職者が学者として、すなわち文章を発表するという方法で、その時代に存在している制度の欠陥について自分の意見を公表する自由をあたえられるべきである。そうすれば、しばらくは採用された制度がそのまま維持されるとしても、この問題の性質についての洞察が公的に広まって確認されるようになるだろう。そして変革すべき宗教制度について合意できた教区は、満場一致ではないとしても多数決によって、みずからの了解のもとで、その教区の信徒たちを保護する改革案を、国王のもとに提出できるだろう。一方で古い制度を維持しようとする教区はそのままの状態を保つことができよう。

ただし公的に疑義を表明する人がいないからといって、すべての人にこのような変革しにくい宗教制度に合わせて一生をすごすように強制するのは、絶対に許されないことである。これを認めると、その間は人間が改善のための進歩をつづけることを否定する結果になり、人生を不毛なものとし、子孫にとってもまったく有害な遺産を残すことだからだ。たしかに一人の人間が自分だけについては、そして短い間だけなら、知っているべきことがらについて啓蒙を遅らせることはできるだろう。しかし啓蒙をまったく放棄することは、その人にとってもその子孫にとっても、人間の神聖な権利を侵害し、踏みにじる行為なのである。

◇君主の役割

だから国民がみずから決議して定めることができないものを、君主が国民のために決めることはできない。法律を定める君主の威信は、全国民の意志をみずからの意志のうちに統合していることから生まれるのである。君主が配慮すべきことは、すべての真の改革、または真のものであると考えられた改革が、市民的な秩序と共存できるようにすることだけである。臣民がみずからの魂の救済のために必要と考えていることは、君主にはまったくかかわりのないことであり、これは臣民に委ねておけばよいのである。ただし君主は、ある臣民が自分の魂の救済という使命に全力で専念し、魂の救済を進めようとしているのに、他の臣民が暴力をもってこれを妨げることがないように配慮しておくべきだろう。

ところがもしも君主が、臣民の魂の救済の問題に干渉したり、臣民が自分の魂の救済に関する洞察をさらに純粋なものとするために利用すべき書籍の刊行を政府の監督局に認可させようとしたり、みずから最善の洞察と信じるところに基づいてこの問題に干渉したりするならば、「皇帝でも文法家の上には立たない」[6]というローマ時代の古い非難をこうむることになり、みずからの威厳を損なうことになるのである。あるいは君主が国内の宗教的な独裁者に、臣民にたいして専制的な支配を行使することを容認するならば、それはみずからの最高権力を貶《おとし》める行為であり、君主の威厳をさらに低めることになるのである。

◇フリードリヒ大王の世紀

それでは「われわれはいま、啓蒙された時代を生きているのであろうか」。その問いには、「そうではない。しかしいまは啓蒙されつつある時代だろう」と答えよう。現状からみて、すべての国民が宗教的な問題について他者の指導なしに、みずからの理性を確実かつ適切に行使できるか、あるいはそれに近い状態になっているかと問うてみると、まだ多くのことが欠けていると言わざるをえない。しかしその方向に向かって自由に進むための場はすでに開かれているのであり、全般的な啓蒙を進めるための障害物、すなわちみずから招いた未成年状態から脱出する際の障害物が、次第に減りつつあることを示す明確な兆候がみられるのはたしかだ。こうしてみるとこの時代は啓蒙の時代であり、フリードリヒ大王の世紀なのである。

　さて、啓蒙された君主とはどのような君主だろうか。それは宗教的な問題については、あらかじめなにも定めておかず、国民の完全な自由に委ねることを義務と考えると語っても、みずからの威厳が損ねられたとは感じない君主である。寛容という語は高慢なものだと感じて、みずからは使わないことにしているような君主である。そして少なくとも統治者として、人類を未成年状態から解放し、良心にかかわる問題については、みずからの理性を行使する自由を各人にあたえ、そのことによって当世の人々からも後世の人々からも感謝される価値のある君主とみなされるような君主である。

　このような君主のもとでこそ、敬うべき聖職者たちが、その職務の定める義務に縛られずに、学者としての資格のもとで、一般にうけいれられている信条とはいくらか異なる判断や見解を、公的な場で自由に発表して、人々の検討に委ねることができるのである。ましてや職務の定める義務に縛られていない人は、自由に発言することができるのである。このような自由な精神は国外にも広まっていき、みずからの任務を誤解している統治者が外的な障害物を設けていて、これと闘う必要のある国にまで、広まっていくのである。そしてわが国の実例こそが、国民に自由を与えても公共体の治安と統一を危うくするような事態にならないことを、こうした国の統治者に教えるのである。実際のところ、意図的に人類を粗野な状態に閉じ込めておくように企てさえしなければ、人間は自然とこのような状態から抜けだしていくものなのだ。

◇啓蒙の広がり

啓蒙とは人間がみずから招いた未成年の状態から脱出することにあるが、この論文ではこれまで主として、宗教の事柄における啓蒙について語ってきた。それは芸術と科学の問題には、君主たちは臣民たちの後見人になることにまったく関心をもっていないからだけではなく、宗教においては未成年状態がもっとも有害であり、もっとも恥ずべきものだからでもある。そして国家の元首は宗教における啓蒙をまず優先しながらも、さらに先まで考えぬくならば、立法の分野においても、臣民にみずからの理性を公的に利用させ、より優れた法律について意見を世界に公表させても、さらにすでに定められた法律を率直に批判することを許しても、なんら危険はないことを洞察できるはずである。その輝かしい実例こそがわが国の君主である。そしてわれわれがうらやましいと思うような君主は、ほかの国にはまだ現れていないのである。

◇啓蒙の逆説

みずから啓蒙されていて、わけのわからない不安におびえることのない君主、しかし同時に公共の治安を守るために訓練された多数の兵士を擁している君主だけが、共和国といえどもあえて語る勇気をもてない次の言葉を語れるのである。「好きなだけ、何ごとについてでも議論せよ、ただし服従せよ」。これは人間に関する物事につきものの奇妙で意想外な事態と言わざるをえない。ほかの場合と同じように、全体としてみるとここではすべてが逆説的なのである。共和国では市民的な自由が高まる。これは国民の精神の自由にとって有利なはずであるが、反対に克服することのできない制約を精神の自由に加えることになるのである。精神の自由が少ないほうが、精神がすべての能力を発揮し、拡大していくために必要な自由の余地が生まれるかのようである。いわば自然は、自由に思考するという傾向と使命感が広がっていくように、その芽を硬い皮殻で大切に包んでおいたのであり、その芽がやがて国民の意識にまで広がるのである。この自由が国民の意識に浸透していくと、自由に行動する能力がますます高められ、それがやがては統治の原則にまで及んでいくのである。こうして統治者は、もはや機械ではなくなった人間を、その尊厳にふさわしく処遇することこそが、みずからにも有益であることを理解するようになるのである[*]。

プロイセン国ケーニヒスベルク

一七八四年九月三〇日

I・カント

原注［*］

わたしは本日九月三〇日に、今月の一三日付けの『ビュッシング週報』で、「啓蒙とは何か」というテーマを論じたメンデルスゾーン氏の回答が『ベルリン月報』誌に掲載されていることを示す広告を読んだ。わたしはまだ『ベルリン月報』誌はうけとっていないが、入手していたら本論文の提出は思いとどまったかもしれない。しかしさまざまな人の思想がどこまで偶然に一致するかを試すためにも、この文を提出してみたいと思う。(7)

訳注

（1）ここで「理性」と訳したところをカントは「悟性」という語を使って表現している。悟性（フェアシュタント）というのはカントの基本的な概念で、狭い意味では感性と対立する概念とされ、広い意味では、理性（フェアヌンフト）、狭義の悟性、判断力を含むものとして考えられている。しかしここでは広い意味での理性と考えてほしい。感性と対立する意味での狭義の悟性は、感性が対象から触発されイメージを思い浮かべる受動的な働きであるのにたいして、悟性はイメージをみずからうみだすことのできる能動的な働きをする能力である。

（2）この格言はホラティウスの書簡体の文章『エピストラス』一巻二の四〇からの引用である。もう少し長く引用すると「知る勇気をもて、始めよ。正しく生活すべき時期を先延ばしする人は、川の流れがとまるのを待つ田舎者と同じだ。川は流れる。永久に、滔々《とうとう》と流れる」。

（3）フリードリヒ大王（一七一二～八六）はプロイセンの国王で、一七四〇年から死の八六年まで国王の座にあった。宗教寛容令や検閲の廃止など、プロイセンに啓蒙主義的な改革を実行して、国力を強化した啓蒙専制君主である。国王に服従することを条件として、議論の自由を許した。カントのこの論文は大王の治世の最後近くに発表されたことになる。

（4）カントは真偽の確定できないものにとるべき姿勢について、宗教論では次のように説明している。「わたし自身の理性によってではなく、啓示だけによって知られるもの、歴史的信仰だけを介してわたしの告白のうちに採用することはできるが、純粋な道徳的原則には矛盾しないようなものを、わたしは確実なものと信じたり、断言したりすることはできないが、しかし確実に虚偽であるとして斥《しりぞ》けることもできない」（カント『たんなる理性の限界内における宗教』カント全集第九巻、飯島宗享・宇都宮芳明訳、理想社、二五七～二五八ページ）。

（5）宗教組織の抑圧的な機能に対するカントの批判は鋭い。理性に基づいてではなく、無条件に外部から押しつけられた典礼は、「呪物信仰であり、大衆はこれによって支配される。宗教ではなく教会のもとへの服従によって、大衆の道徳的な自由は奪われるのである」（カント『たんなる理性の限界内における宗教』前掲書、二四六〜二四七ページ）。
（6）カントはドイツ語の翻訳なしでCaesar non est supra grammaticosと書いている。
（7）メンデルスゾーンの「啓蒙とは何かという問題について」が発表されたのは、『ベルリン月報』の一七八四年九月号であり、カントのこの論文が掲載されたのは、『ベルリン月報』の一七八四年一一月号である。モーゼス・メンデルスゾーン（一七二九〜八六）は、カントと同時代の哲学者。ライプニッツとヴォルフの哲学をわかりやすく展開した。ユダヤ思想を重視した哲学者としても有名であり、ユダヤの文化とキリスト教の文化の統合を目指した。

世界市民という視点からみた普遍史の理念*（一七八四年）

◇自由の発展

形而上学の観点からは人間の意志の自由の概念について、さまざまな理論を構築することができる。しかし意志が現象として示される人間の行動は、ほかのすべての自然の出来事と同じように、一般的な自然法則によって定められている。歴史とは、こうした意志の現象としての人間の行動についての物語である。だから行動の原因が深いところに隠されているとしても、歴史は次のことを示すものと期待できる。人間の意志の自由の働きを全体として眺めてみると、自由が規則的に発展していることを確認できるのである。また個々の主体については複雑で規則がないようにみえる場合にも、人類全体として眺めてみると、人間の根本的な素質であるこの自由というものが、緩慢ではありながらつねに確実に発達していることを認識できるのである。

たしかに個人の結婚、その後の出産、そして死亡という出来事は、人間の自由な意志によってきわめて大きな影響をうけるものであり、その発生件数をあらかじめ計算によって決定できるような規則は存在しないようにみえる。しかし大きな国における結婚、出産、死亡に関する年間の統計を調べてみれば、これらの出来事が天候と同じように、一定の自然法則にしたがっていることを証明することができるのである。

変動しつづける天候については、さまざまな事象をあらかじめ定めておくことはできないが、植物の成長、河川の流れ、その他の自然の配置は、均一で連続的なものとして一体となっているのである。個々の人間も、国民全体も、それぞれが自分の意志にしたがいながら、そしてしばしば他者と対立しながら、自分の意図を実現しようと努力しているのであるが、それでもみずからは認識することのできない〈自然の意図〉に、いつのまにかしたがっている。それでいて自分が〈自然の意図〉を促進しているということには、あまり気づかないものなのだ。それに〈自然の意図〉に気づいたとしても、人間はそれをあまり重要なものとは考えていないようである。

◇自然の意図

ほかの動物とは違って、人間はたんに本能にしたがって行動するわけではない。あるいは理性的な世界市民として、あらかじめ合意された計画にしたがって、全体としてまとまって行動するわけでもない。だとすると、蜜蜂やビーバーの場合とは違って、人間については、ある計画によって定められた歴史のようなものはないと考えられる。

人間の営みを世界という大きな舞台で演じられたものとして眺めてみよう。すると、ときには賢明さがうかがえるところもあるが、最終的にはそのすべてが愚かしさ、子供っぽい虚栄心、そしてしばしば幼稚な悪意や破壊欲によって織りなされていることがわかり、思わず憤慨してしまうほどなのだ。そして最後には、ほかのすべての生物よりも傑出していると思い込んでいるこの人間というものをどう理解すればよいのか、途方にくれてしまうのである。

この舞台を眺めている哲学者にとっては、人間とその営みの背後に、理性的で、人間に固有の意図をみいだすことはできない。それだけに人間の行動という矛盾した営みを動かしている自然の意図のようなものがないかどうかを、調べるしかなくなるのである。人間という被造物が、固有の計画を推進していないとしても、ある自然の意図にしたがった歴史というものを考えることはできないだろうか。この論文では、このような歴史を書くための〈導きの糸〉を発見できるかどうかを調べてみたい。ただしこの導きの糸にしたがって実際に歴史を書くことができるような人間を育てるのは自然に委ねよう。自然はすでにケプラーを育てあげ、惑星が離心的な軌道で運行していることを示す予想外の法則を発見させた。そしてすでにニュートンを育てあげ、この法則を一般的な自然の原因から説明させたではないか。

原注［＊］

本一七九四年の『ゴータ学術新聞』一二号に掲載された学界通信の短い記事は、旅行中にわたしを訪問してきた学者との会話に基づくものであるのは確実なので、わたしはこの論文を書くことにした。この論文なしではこの記事を理解することはできないからである[1]。

◆第一命題

◇自然にそなわる素質の目的

被造物のすべての自然的な素質は、いつかその目的にふさわしい形で完全に発達するように定められている。外側から観察しても、内部から、すなわち解剖によって観察しても、すべての動物においてこのことは確認されている。目的論的な自然学の観点からみると、利用されることのない器官とか、目的を実現することのない配置などというものは矛盾にほかならない。われわれがこの原則を放棄するならば、法則にしたがう自然ではなく、目的なしに戯れる自然をみいだすことになる。そして理性の導きの糸ではなく、慰めのない偶然が自然を支配することになる。

◆第二命題

◇類としての存在

地上における唯一の理性的な被造物である人間において、理性の利用という自然の配置が完全に発展するのは、個人ではなく人類の次元においてである。被造物における理性とは、みずからのすべての力を使用する規則と意図を、自然の本能の領域をはるかに超えたところまで拡張する能力であり、この拡張の際にいかなる制限も加えられない。理性は本能的に働くのではなく、さまざまな実験、練習、教育を経ることで、一つの段階から次の段階へと、洞察が次第に発展するのである。

だから一人の人間が、みずからにそなわる自然な素質を完全に利用する方法を学びとろうとすると、どんな人でも途方もなく長生きしなければならなくなる。ところが自然は人間の寿命を短く定めているのだから（そうならざるをえなかったのだから）、人類の啓蒙の萌芽が、自然の意図するものに完全にふさわしい段階にまで発達することは、一人の人においては不可能である。自然はおそらく無限につづく世代を育てあげ、一つの世代が次の世代へと啓蒙をひきつぐようにすることが必要だっただろう。

そして、少なくとも人間の理念においては、この完全に発達した状態こそ、人間の営みの〈目的〉となるべきである。それでなければ自然が与えた人間の素質は無益であり、目的のないものとみなさねばならなくなり、すべての実践的［道徳的］な原則は無意味になってしまう。すると人間以外のほかのすべての配置について判断する際には、自然の賢さを基本法則としなければならないのに、人間についてだけは、自然は子供じみた遊戯をしているという疑念をいだかざるをえなくなってしまう。

◆第三命題

◇自然の配慮

自然は人間に次のことを望んでいる。すなわち人間は動物としてのありかたを定める生物学的な配置に含まれないすべてのものをみずから作りだすこと、そして本能とはかかわりなく、みずからの理性によって獲得できる幸福や完璧さだけを目指すこと、である。だから自然は余計なことは何もしないし、みずからの目的を実現するためにいかなる手段も浪費しないのである。自然は人間に理性と、理性に基づいた意志の自由を与えたことから考えても、自然の意図は明白である。だから自然が望んだのは、人間が本能に導かれて行動することでも、生得の知識に教えられて不自由せずに生活できることでもない。むしろ人間はすべてをみずから作りだすべきなのである。

人間は食料を発見し、衣服をまとい、外部からの危険にたいして安全を守り、みずからを防衛する手段を作りだした。そのために自然が人間に与えたのは、雄牛の角でも、ライオンの爪でも、犬の牙でもなく、ただ両手だけだった。そして人生を楽しいものにしてくれるすべての娯楽も、人間の洞察力や賢明さも、意志の善良さも、そのすべては人間がみずから作りだしたものである。自然はここで最大限の節約をしたことに、みずから満足しているようである。人間には、動物として生きる準備もごくわずかなものしか与えず、生まれ落ちてから生存するためにどうしても必要なものしか与えなかったのである。自然は人間が、生まれたときにはきわめてつたない状態にありながら、やがてきわめて熟達した存在となること、そして内的な思考が完璧なものとなり、これによって地上で可能なかぎりもっとも幸福な状態に高められることを望んだのである。

これを実現した場合には、人間はその恩恵をひとり占めして、その功績はじぶんだけのものだと考えてもよいのである。だとすると自然が望んだのは、人間が安楽に暮らせるようにすることではなく、理性的な存在としての自己を尊重することだったのである。というのは、人間のこの成長過程において待ち構えているのは安楽ではなく、労苦を要する多くの事柄だからである。自然は、人間が安楽に生きられるようにすることなどには、まったく配慮しなかったようである。人間がみずからの行動を通じて、安楽で幸せな生活に値するような存在になることが求められているのである。

これについては奇妙なことがある。その一つは、一つの世代は苦労の多い仕事に従事し、次の世代のための土台を用意し、次の世代はこの土台の上に、自然の意図する建物を構築できるかのようにみえるのである。もう一つは、この建物に住むという幸福を享受するのは、ずっと後の世代になってからであり、それまでの幾世代もの人々は、その意図はないとしても、この計画を進めるために働き続けるだけで、自分たちが準備した幸福のかけらも享受できないことである。これは不可解な謎かもしれないが、次のことを考えると、必然的なものであることが理解できよう。すなわち動物の一つの種である人類が理性をそなえていることによって、個々の成員としての人々はだれもが死ぬが、一つの種としての人類そのものは不滅であり、みずからの素質を完全に発達させる域にまで到達することができるのである。

◆第四命題

◇非社交的な社交性

自然が人間のすべての素質を完全に発達させるために利用した手段は、社会においてこれらの素質をたがいに対立させることだった。やがてこの対立関係こそが、最終的には法則に適った秩序を作りだす原因となるのである。対立関係《アンタゴニスムス》という言葉はここでは人間の非社交的な社交性という意味で理解していただきたい。これは、人間が一方では社会を構築しようとする傾向をもつが、他方では絶えず社会を分裂させようと、一貫して抵抗を示すということである。この素質が人間の性質に内在しているのは明らかである。人間には、集まって社会を形成しようとする傾向がそなわっている。それは社会を形成してこそ、自分が人間であることを、そして自分の自然な素質が発展していくことを感じるからである。

ところが人間には反対に、一人になろうとする傾向が、孤立しようとする傾向がある。人間には孤立して、すべてを自分の意のままに処分しようとする非社交的な傾向もあるのであり、そのためにいたるところで他者の抵抗に直面することを予期するようになる。自分のうちにも、他者に抵抗しようとする傾向があることを熟知しているからである。この抵抗こそが、人間にそなわるすべての力を覚醒させ、怠惰に陥ろうとする傾向を克服させ、名誉欲や支配欲や所有欲などにかられて、仲間のうちでひとかどの地位を獲得するようにさせるのである。人間は仲間にはがまんできないと感じながらも、一方でこの仲間から離れることもできないのである。

人間が粗野な状態から文化へと進むための真の一歩が、ここに始まる。文化とはそもそも人間の社会的な価値を本質とするものだからだ。こうしてあらゆる才能が次第に伸ばされ、趣味が豊かになり、啓蒙がつづけられることによって、ある種の思考が鍛えられるようになる。この思考によって、当初はまだ自然の粗雑な資質によって善悪の倫理的な判断をしていた人々が、時とともに明確な実践的［道徳的］な原則に基づいて判断するようになる。そして当初は情念に基づいた強制のもとで社会を形成していたとしても、やがては道徳に基づいて全体的な社会を構築するようになるのである。

こうした非社交的な特性はたしかにあまり好ましいものではないし、利己心にかられて思い上がったふるまいをする人は、こうした特性のために抵抗に直面せざるをえないものである。しかしこうした非社交的な特性がなければ、人々はいつまでも牧歌的な牧羊生活をすごしていたことだろう。そして仲間のうちで完全な協調と満足と相互の愛のうちに暮らすことはできても、すべての才能はその萌芽のままに永遠に埋没してしまっただろう。人間は自分たちが飼う羊のように善良であるだろうが、自分たちには飼っている羊たちと同じくらいの価値しかないと考えるようになっただろう。そして創造という営みが、人間のために理性を行使する大きな空白部分を残しておいてくれたというのに、理性的な本性をもつ人間が、その満たすべき目的を実現することはなかっただろう。

◇悪の起源

だから人間は自分たちに協調性が欠けていること、たがいに妬《ねた》み、争いを求める嫉妬心をそなえていること、決して満たされることのない所有欲に、ときには支配欲にかられていることを、自然に感謝すべきなのである。こうしたものがなければ、人間のうちに秘められたすべての傑出した自然の素質は、永遠に目覚めることなく、眠りつづけただろう。人間は協調を欲する。しかし人類に何が必要であるかをよく知っている自然は、人間に不和を与えることを選んだのである。人間はくつろいで楽しく暮らすことを欲している。しかし自然が人間に望んでいるのは、怠惰で、無為なままに満足して暮らす生活から抜けだして、労働と労苦の生活のうちに身を投じることであり、智恵を働かせて、この労働と労苦の生活から抜けだすための手段を見つけることである。そのために用意された自然の原動力は、非社交性と、いたるところでみられる抵抗の源泉である。ここから多くの悪が生まれる一方で、これがさまざまな力をあらたに刺激して、自然の素質がますます発展するようにしているのである。賢き創造主はこのように手配してくれたのであり、悪霊のようなものがいて、創造主のすばらしい配置をこっそりといじったわけでも、嫉妬のあまり破壊したわけでもないのである。

◆第五命題

◇市民社会という〈檻《おり》〉

人類が自然によって解決することを迫られている最大の問題は、普遍的な形で法を施行する市民社会を設立することである。このような社会でなければ、自然の最大の意図、すなわち人間のすべての素質を発展させるという意図が実現されないのである。この社会において市民たちには最大の自由が与えられる。そして市民たちはどこでも敵対的な関係のもとにありながらも、他者の自由が守られるようにする。そして各人の自由の限界は厳密に規定され、確保されるのである。自然は人類がこの社会を独力で構築し、人類に定められたすべての目的をみずからの力で実現することを望んでいるのである。だからこれは、だれも抵抗することのできない権力のもとで外的な法律に守られている自由が、できるかぎり最大限に実現されるような社会である。すなわちまったく公正な市民的な体制を設立することこそが、自然が人類に与えた最高の課題なのである。人間がこの課題を解決し、こうした体制を実現しないかぎり、自然が人類に抱いているその他の意図は実現されえないのである。

ところで人間はたえず無制約な自由に強く魅惑されているため、必要に迫られなければこのような強制された状態にはいることはない。こうした必要性のうちでも最大のものは、人間がたがいに他者に加える強制である。人間には、野放しの自由な状態のもとでは、長い間ともに暮らすことができない傾向があるのである。ところがこの傾向がやがて最善の効果を発揮できるのは、市民的な共同体という〈檻〉のうちだけなのである。

森の比喩で考えてみよう。森ではすべての樹木は、隣の樹木から奪ってできるかぎり多くの空気と太陽を自分のものにしようと、たがいに競って伸びようとする。こうしてどの樹木も、真っ直ぐな幹を上に伸ばすことができるのである。このように、隣の樹からいわば〈強制〉されることがないと、どの樹も自由なままに、枝を好きなところに勝手に伸ばしていくだろう。そして幹は曲がり、いびつに屈曲したまま成長することになるのである。人間にとっての〈飾り〉であるすべての文化と芸術と、きわめて美しい社会的な秩序は、こうした非社交性のもたらした成果なのである。この非社交性は人間に、みずからに規律を課すように強制し、強制されて獲得した技を通じて、自然の萌芽を完全に発展させるのである。

◆第六命題

◇支配者のパラドックス

これはもっとも困難であるとともに、人類が最後に解決する問題である。思い浮かべてみただけでも、この問題の困難さがあらわになる課題をあげよう。人間はほかの仲間とともに暮らす際には、一人の支配者を必要とする動物なのである。だれもが他人にたいしては、自分の自由を濫用するのは確実だからである。人間は理性的な被造物としては、すべての人間の自由を制約する法を望むかもしれないが、利己的で動物的な傾向に惑わされて、自分だけはその例外としたがるのである。人間はこのように、各人の意志を砕いて、みずからの意志をすべての人に強制的に押しつけるひとりの支配者を望んでいるのであり、この支配者の意志のもとでのみ、だれもが自由になりうるのである。

問題なのは、この支配者をどこからつれてくるかということだ。人間は仲間の人類のうちに、この支配者を探すしかないのである。しかしこの支配者となるべき人物も、もともとは一人の支配者を必要とする生き物にすぎない。だからどうしてみたところで、公的な正義を具現する元首、正義そのものであるような元首をみつけることはできないのだ。人間はこうした支配者として一人の個人を探すかもしれないし、正義のために選ばれた人物の集まりを支配者としようとするかもしれない。しかしどちらにしても同じことである。法律にしたがって権力を行使する支配者がさらに上にいなければ、だれもが自分の自由を濫用するに決まっているからである。だから最高位に立つ元首は、みずからが正義の人物であり、同時に人間でなければならないのである。

　このようにこの課題はもっとも解決の困難なものである。この問題を完全に解決することは不可能である。人間を作っている〈樹〉がこれほど曲がっているのに、完全に真っ直ぐなものを作りだすことはできないのである。だから自然は人間に、この理想に近づくことを課題として定めているのである。[*]この課題は歴史の最後になって、どうにか実現されるものにすぎない。というのは、そのためには次の三つの条件が必要だからである。すなわち樹立することのできる体制の性格を正しい概念で把握すること、世界のさまざまな出来事を体験しながら豊かな経験を培《つちか》うこと、そして何よりもこの体制をひきうける準備のある善き意志が存在することである。しかしこれらの三つの条件がそろうのはきわめて困難であり、それが同時に成立するとしても、それは遠い将来のこと、そして多数の試みが失敗に終わった後のことであろう。

原注［*］

　だから人間の役割はきわめて作為的なものとなる。わたしたちは、ほかの惑星に住んでいる住人については、その本性を知らない。しかしこの自然の課題を実現することができるとしたら、人類は宇宙の隣人たちのうちでも、高い地位を占めていると自負してよいはずである。宇宙人であれば、一人一人の個人がその生涯のうちに、この課題を実現できるかもしれない。しかし地球においては、個人ではなく人類だけが、これを実現できるのである。

◆第七命題

◇国際的な連合の樹立

完全な市民的な体制を設立するという課題は、諸国家の対外的な関係を合法的なものとするという課題を実現できるかどうかにかかっているのであり、これと切り離して実現することはできない。個々の人間のあいだに合法的な市民的な体制を設立してみても、すなわちひとつの公共体を設立してみても、それだけではあまり役には立たない。というのは、人間たちにこうした公共体を設立するように強制したのは非社交性だったが、対外的な関係にある複数の公共体の間にもこの非社交性が働き、ほかの国家と関係をもつ国家は、放埒《ほうらつ》な自由を享受するようになるからである。かつては個々の人間は、各人の自由のもたらす悪になやまされて、合法的な市民状態にはいるように圧迫され、強制されたのだったが、いまやさまざまな国家も、個人がなやんだのと同じ悪に直面することを予期せざるをえなくなるのである。

こうして自然はふたたび、人間の協調性の欠如を利用することになる。ただし今度は、この被造物が作る大きな社会と国家にみられる協調性の欠如を利用し、諸国家を避けがたい敵対関係のうちにおき、そこから平穏と治安を樹立しようとするのである。すなわち自然は戦争を通じて、そして戦争にそなえて決して縮小されることのない過剰な軍事力を国家に準備させ、こうした軍備のために平時にあっても国内の窮迫を実感させるのである。そして当初はいくつかの不十分な試みを実行させて、さまざまな荒廃、政府の転覆、国力の徹底した消耗などを経験した後になって、やっとのことで、理性があればこれほど痛ましい経験を積まなくても実現できたはずのこと、すなわち無法な未開の状態から抜けだして、国際的な連合を設立するという課題を実現するようになるのである。この国際的な連合では、どれほど小さな国であっても、自国の威力や独自の法的な判断によらずに、この巨大な国際的な連合、すなわち隣邦《フォエドゥス・》同盟《アンフィクチオヌム》だけの力によって、この連合した力と連合した意志が定めた法の決定の力によって、自国の治安を維持し、権力を保持することができるようになろう。

◇永遠平和の思想

このような思想は一見すると空想的なものに思われるかもしれない。そしてこうした思想を唱えたサン・ピエールやルソーは嘲笑されたものだった(2)(というのも二人はごく近い時期にこの理想が実現されると信じたからだろう)。しかし人間がたがいに相手から陥れられた窮地から抜けだすには、この方法を採用せざるをえないのである。この窮地のために、未開な状態にある人間たちが嫌々ながらも市民社会の樹立を強制されたのと同じように、たとえそれがどんなに困難であっても、国家は次のことを決意せざるをえなくなるのである。すなわち粗野な自由を放棄し、合法的な体制のもとで、平穏と安全を求めるしかないと、決意するのである。

だからすべての戦争は、諸国家の間に新しい関係を構築し、既存の国家を破壊し、少なくともすべてを解体したあとで新しい国家を樹立する試みにほかならないのである。そしてそれは人間の意図するものではなく、自然が意図するものなのである。この新しい国家はしかし、それ自体においてもほかの国家との関係においても、みずからを維持する力のないものであるために、ふたたび同じような革命が起こるだけなのである。それでも最後には、国内において最善の市民的な体制を確立し、また国外ではさまざまな国と条約を締結し、法律を定めて、市民的な共同体に近いものが生まれることになるだろう。これは自動機械と同じように、みずからを維持することができる体制となるのである。

◇自然の目的

エピクロスは、小さな粒子が結合することでさまざまな物質が構成され、この物質に原子が衝突すると破壊されるプロセスが繰り返されてやがて最後には、このような物質は偶然によってその本来の形式を獲得するのだと考えた(3)(しかしそれには、とうてい起こりえないような僥倖《ぎょうこう》が必要だろう)。このエピクロスと同じように、国家も偶然によるプロセスを経て形成されると考えるべきだろうか。

それとも自然は、ここでは規則的な経過をたどっているのであり、人類を動物性という低い段階から人間性という最高の段階にまで、段階的に到達させようとしているため、自然は人間のものであった技を奪って、一見したところ野蛮な配置のうちに、根源的な素質を人間に植えつけておき、これを規則的に発展させるのだと考えるべきだろうか。

あるいはまた、人間のこれらのすべての作用と反作用のうちからは、全体としてはなにも（少なくとも賢明なものはなにも）生まれず、将来もこれまでと同じままであり、人類にとってはきわめて自然なものである不和が昂じて、たとえ開化された状態にあっても最後には諸悪に満ちた地獄へと至ると考えるべきだろうか。この地獄において人類は、こうした開化された状態そのものを、そして文化においてこれまで実現されたすべての進歩を、野蛮な荒廃のさなかに滅ぼしてしまうのだと予言できるだろうか。盲目の偶然性が支配する状態においては、このような運命が実現するのは避けられないことではないだろうか。そして偶然の支配のもとでひそかに叡智と結びついている自然の導きの糸がないと考えるならば、無法な自由と偶然の支配は実際には同じものとなってしまうのではないだろうか。

これらの問いは、次の問いに集約されるといってよいだろう。自然の目指すところは、部分的には目的に適ったものであるが、全体としてはなんら目的はないとみなすのが理性的なのだろうか。

◇世界市民状態

未開な社会の無目的な状態では、人類に内在するすべての自然的な素質の発展が抑制されていたが、結局はこうした未開な状態が人類に及ぼした悪のために、人類はこうした状態から抜けだして市民体制を樹立せざるをえなくなった。そしてこの体制においてこそ、萌芽のままにあった自然の素質が発展できたのである。国家についても同じことが言える。すでに設立された国家は野蛮な自由を享受していた。そして国家という共同体のすべての力は、他の国家と対抗するための軍備に投じられていたし、戦争によって荒廃がもたらされ、さらにつねにほかの国との戦争の準備をしておく必要があった。これが人間にそなわっていた自然の素質が発展することを妨げたのであるが、これによって生まれた悪のために人類は、それぞれの国が自国の自由を主張するために抵抗する力の均衡をとるような法則を作りださざるをえなくなったのである(この抵抗そのものは有益なものである)。そして諸国はこの法則に効力を与えるために統一権力を構築し、こうしてそれぞれの国の公的な安全を保障するような世界市民状態を樹立するようになるのである。

この世界市民状態というものには、まったく危険がないわけではない。しかしその危険は人間のもつ力が眠りこんでしまわないためには必要なのである。そしてこの世界市民状態には、たがいに作用と反作用の均衡をとるという原則があるが、これは諸国が滅ぼしあうことがないようにするために必要なのである。ところで人類がこの最後の段階に到達する前に、すなわち諸国家の連合が樹立される前に、いわば連合にいたる道の中途にさしかかった段階で、人間性は外的には幸福な状態にあるようにみえるが、それが実はみかけだけにすぎないという最悪の時期を経験することになる。

◇輝ける悲惨

ルソーは文明よりも未開の状態が望ましいと語ったが、われわれ人類がこれから登りつめようとしている最後の段階を見逃すならば、これはそれほど間違っていたわけではない。われわれは芸術と科学の力のおかげで高度の文化を所有している。あらゆる種類の社交の礼儀と典雅さにかけては、繁雑なほどに文明化されている。しかしわれわれが道徳化されているかどうかを考えてみれば、まだ欠けているところは大きい。というのは、道徳性の理念は本来は文化に属するものであるが、われわれはこの理念を名誉欲や外的な上品さというみかけだけの道徳的な意味で使っているのであり、これでは道徳性はまだ文明に属するにすぎないのである。

しかし国家が、虚栄心のもとで権力を用いて拡張の意図を推進することに全力を傾け、みずからの思想を内側から育む国民のゆっくりとした営みを妨げようとするならば、そしてこうした営みへのあらゆる支援を拒むならば、国民の思想の形成は期待できないのである。すべての公共体では長い時間をかけて、国民が教養を積む内面的な営みをつづけることが必要だからである。道徳的な善をめざす気持ちに結びつかない善はすべてまったくの偽善であり、輝ける悲惨にほかならない。これまで説明してきた方法で、混沌とした国家のありかたから脱出するまでは、人類はこのような状態にとどまらざるをえないだろう。

◆第八命題

◇自然の隠された計画

人類の歴史の全体は、自然の隠された計画が実現されるプロセスとみることができる。自然が計画しているのは、内的に完全な国家体制を樹立することであり、しかもこの目的のために外的にも完全な国家体制を樹立し、これを人間のすべての素質が完全に展開される唯一の状態とすることである。この命題は、第七命題から導くことができる。この命題からも、哲学には哲学なりの千年王国説があることが明らかだろう(4)。この千年王国《キリアスムス》の理想を実現するために、哲学は遠くから貢献することができるのであり、これはたんなる夢想ではない。

すべては、こうした自然の意図の進展について人間がみずからの経験から何かを発見できるかどうかにかかっている。わたしは、ごくわずかな何かと言いたい。ここでごくわずかと言うのは、この自然の意図が実現されるサイクルが完結するまでには、きわめて長い時間が必要となるからである。だから自然の意図をうかがい知ることのできるごくわずかな部分から、この道程の全体の姿を確実に語ることはできないし、知りえた部分が全体においてどのような位置を占めるかについて、確実に語ることはできないのである。

それはこれまでの天体観測の結果からは、太陽と太陽系の多数の惑星が、巨大な恒星系のうちでどのように運行しているかを確実には知りえないのと同じである。しかし宇宙の構成には体系的な構造があるという普遍的な理由からも、これまでのわずかな観測結果に基づいても、こうした運行が実際に存在していることは確実に推理できるのである。

ところで人間の本性として、確実に期待しうるものであれば、それがどれほど遠いとしても、人類がはるか後の将来に到達する時代について、無関心ではいられないものである。しかもわれわれが理性的な手はずを整えておけば、子孫にとって喜ばしき時代が到来する時期が早まることを考えると、なおさら無関心ではいられなくなる。それだけにこうした時代が近づいていることを示す兆候があれば、どれほど小さなものであっても重要な意味をもつのである。

◇進歩の諸条件

現代では諸国家のあいだにはきわめて人為的な関係が構築されているので、国内の文化を衰退させると、ほかの国への威力と影響力を失うようになっている。だからさまざまな国家の名誉心のおかげで、自然のこうした目的の実現に向かって進歩しないまでも、少なくとも現状を維持することはできているのである。

さらに市民的な自由を著しく制約すると、国内のすべての産業において、とくに商業分野において不利な影響が生じるものであり、外交関係における国力の低下が実感されるようになる。しかも市民の自由はますます拡大しているのである。市民がみずから好むように自分の幸福を実現することを妨げると（ただし他者の自由と両立できる場合にかぎられるが）、事業全般の溌剌《はつらつ》とした運営を妨げることになり、国家全体の力も阻害されることになる。

こうした事情のために、個人的な営みにおける制約は次第に撤廃され、宗教における全般的な自由がますます認められるようになってきた。こうして啓蒙は、ときに妄想や気紛れを交えながらも、人類にとって巨大な善として進展してきたのである。たとえ国の支配者が私欲にかられて権力を強化しようと望んでいても、自分の利益を正しく理解しさえすれば、人類はその善を享受できるようになるのである。啓蒙された人であれば、啓蒙のもたらす善について大きな関心をもたざるをえないのであり、啓蒙と啓蒙された人の関心はやがて、王の耳にもとどくようになり、それが国家の統治の原則にまで影響するはずである。

◇世界国家へ向けて

現在は世界の統治者たちは、将来の戦争にそなえてすべての予算を投じてしまっているので、公的な教育組織や世界の福祉のために費やす余裕はないかもしれない。それでも自国の国民が、いかに微弱で緩慢な営みにおいてであれ、この方向に進むのを少なくとも妨げないことが、みずからの利益になることに気づくはずである。そしていずれは戦争すらも、きわめて人為的で、双方にとって不確実で、危険な事業となるだけでなく、発行した国債の負担が増大する一方であり（国債は、最近発明された資金調達方法である）、これを償還する見込みも立たなくなっていくのである。

ヨーロッパでは、すべての国が事業によってほかの諸国と密接に結びついているために、一国が大きな打撃をうけると、それがほかの諸国に及ぼす影響はきわめて大きいものとなる。こうしてほかの諸国は自国にふりかかる危険に迫られて、法的な権威はないにもかかわらず、国家間の対立の仲裁役をかってでるのである。このことは、遠い将来に巨大な国家組織を樹立する準備をするものとなる。これまでにこうした先例はまったくなかったのである。このような国家組織はまだ素描《スケッチ》の段階にすぎないものの、世界全体の保全を重視するすべての諸国のうちに、ある感情が芽生え始めているのである。そしてこのことが、体制を改造するための多数の革命の後に、ついに全般的な世界市民状態が樹立されるという希望をいだかせるのである。これは自然の最高の意図であり、この母胎のうちで、人類のすべての根源的な素質が発展することになるのである。

◆第九命題

◇自然の計画

自然の計画は、人類において完全な市民的連合を作りだすことにある。だからこの計画にしたがって人類の普遍史を書こうとする哲学的な試みが可能であるだけではなく、これは自然のこうした意図を促進する企てとみなす必要がある。たしかに世界の歴史はある理性的な目的にしたがって進むものであると主張し、この経過がどのようなものになるべきかという構想に基づいて一つの歴史を書こうとするこの試みは、奇妙に思えるかもしれないし、一見すると愚かしいものにみえるかもしれない。このような試みからは、小説が書けるだけだと思えるかもしれない。しかし自然というものは、人間の自由の戯れにおいてさえ、みずからの計画と最終的な意図を反映させようとするものであると想定できるとするなら、このような構想も役立つはずである。それに人間はあまりに近視眼的な見方をするので、自然の仕組みに隠された機構を見抜けないとしたら、このような構想はわれわれにとっては、計画にしたがっていないようにみえる人間の行動の全体を、少なくとも概略において一つの体系として描きだすための導きの糸として役立つのである。

◇人間の歴史の記述

そこでこの構想をまずギリシアの歴史から始めてみよう。そしてこのギリシアの歴史には、それ以前の人類の歴史や同時代の歴史が保存されているか、少なくともその裏づけとなっているはずだと想定しよう。* そしてギリシアの歴史が、ギリシアを併呑したローマの民族の国家体制の適切な（または不適切な）形成に影響を与えたことを描きだし、次にローマをもまた併呑した野蛮な諸民族にローマが与えた影響を描いたのちに、その影響を現代にまでたどってみよう。そしてその逸話として、ほかの民族の国家の歴史や、これらの啓蒙された国家によってわれわれにまで次第に伝えられてきた民族についての知識を語ることにしよう。

するとヨーロッパにおいては、国家体制が規則的に改善される道程をたどっていることが発見できよう。ヨーロッパは世界のほかの地域にたいして、国家体制の改善では模範を示すことになろう。その際にわれわれは、市民的体制とその法と、諸国の間の関係だけに注目することにしよう。それはこの二つの要素は、そこに含まれる善によって、しばらくの間は諸民族を、そしてその芸術と科学を向上させ、名誉あるものとすることに貢献したからである。しかし同時にこれらの二つの要素は、そこに含まれる欠陥によって、これらの民族を衰亡させる役割をはたしたのである。いずれの場合にも、啓蒙の萌芽はまだ残っていて、これがたびたびの革命のごとにますます発展してきて、次の世代のために改善のより高い段階を準備したのだった。このような考察によって、人間の事柄のきわめて錯綜した戯れを解明し、将来の国家において起こる政治的な改革について予言するための導きの糸を発見できるはずだと思うのである。

これまでは人間の歴史は、人間の勝手で気ままな自由の行使がもたらした複合的な結果として理解されてきたが、すでに述べたように歴史を考察することで、このような導きの糸を発見できるだけではなく、将来にたいする新しい展望が開けて、慰めをえることもできるようになるのである（自然の計画を想定しなければ、根拠をもってこれを期待することはできないのである）。そして自然が人類のうちに植えておいたすべての素質が完全に芽吹いて、地上における人間の使命を果たすことができるような高い段階を、そのはるか彼方に思い描くことができるのである。
このような形で自然を意義づけること、むしろ摂理を意義づけることは、世界の考察にあたって特別な視点を選択する動機として、重要なものとなる。世界という巨大な舞台は、至高の叡智が示されるところであり、この舞台の一つの場面で、人間の歴史の成就という目的が演じられるのである。だとすると、もしもこの目的に絶えず異議が申し立てられるとするならば、そしてこの場面を眺めると不快な気持ちになり、いつも目を背けざるをえないとするならば、ここでは理性的な意図が完全に実現することはありえないと諦めて、ほかの世界にそれを期待しなければならないとするならば、自然の創造の栄光と叡智について考察することを勧めても、それがいったい何の役にたつというのだろうか。

原注［*］

古代の歴史を裏づけることができるのは、古代の端緒から現在にいたるまで、中断することなく持続してきた学者の世界だけである。それ以外はすべてが未知の土地《テラ・インコーグニタ》である。またこの学者の世界に知られずに生活していた民族の歴史は、その民族がこの学者の世界に登場してから始まるのである。ユダヤの民族の歴史がその実例である。プトレマイオス朝の時代に旧約聖書がギリシア語に翻訳されて、この民族は歴史に登場したのである。この翻訳なしには、ユダヤの民についての散発的な史料は、ほとんど信じがたいものになっていただろう。この時点で、すなわちこの端緒が適切な形で初めてつきとめられた時点で、そこからさかのぼってユダヤの民の歴史を跡づけることができるのである。それはユダヤ人だけではなく、ほかの民族についても言えることである。ヒュームの言うように、トゥキュディデスの歴史書の最初のページが、すべての真正な歴史の唯一の端緒なのである。[5]

◇歴史記述の役割

といってもこうした世界の歴史《ゲシヒテ》を構想し、前もって考えられた導きの糸を想定したとしても、もっぱら経験的な見地から描きだす歴史記述《ヒストリー》の作業を否定するつもりはない。それはわたしの意図を誤解するものである。この構想は、哲学者が経験的な見地とは異なる視点から試みるものにすぎない（もちろん哲学者は歴史についての深い知識をそなえているべきである）。歴史家が同時代の歴史を描くときの詳細さは賞賛に値するものではあるが、数世紀の後にはわれわれの子孫は歴史の重さにあえぐようになるのではないかという懸念が抱かれるようになるのも自然なことである。

その頃には、古代史の史料はすでに消滅しているかもしれないが、諸民族とその統治が世界市民という観点からみてどのように貢献し、あるいはどのように破壊したかという視点から、古代史についても評価するようになるに違いない。そしてこうした視点から考慮すると、国家の元首と役人たちの名誉心にも配慮しながらも、支配者たちが後の時代に自分たちが栄誉をもって想起されるようにする唯一の手段は、こうした世界市民の観点に立つことであることが自覚されるだろう。このことは、この哲学的な歴史の試みのささやかな動機ともなりうるのである。

訳注

（1）カントが示唆している「短い記事」の内容を紹介しておく。「カント教授のお好みの理念は、人類の究極の目的は、完全な国家体制を確立することにあるというものである。カント教授は、哲学的な歴史家が登場して、この視点からみた人類の歴史を記述すること、さまざまな時代において人類がこの究極の目的にどの程度まで近づいたか、あるいはそれから遠ざかったかを示し、この目的を実現するにはまだ何がなされるべきかを示してほしいと、願っているのである」。

（2）サン・ピエール師の永遠平和論の構想とルソーによるその受容と批判については、ルソーの「サン・ピエール師の永久平和論抜粋」「永久平和論批判」「サン・ピエール師のポリシノディ論抜粋」「ポリシノディ論批判」などを参照されたい（いずれも『ルソー全集』四巻、白水社に収録）。前の段落で言及されている隣邦同盟（フォエドゥス・アンフィクチオヌム）とは、ギリシアの諸ポリスの間で設立された宗教的な同盟で、この平和構想も、サン・ピエールによるものである。

（3）エピクロスは紀元前四〜三世紀のギリシアの哲学者。デモクリトスの原子論をうけついで、自然のすべての現象を原子の運動と空虚の存在によって説明しようとした。倫理学的には快楽主義を採用したために享楽主義と呼ばれるようになったが、これは多くは誤解に基づくものである。

（4）千年王国は、「ヨハネの黙示録」で説かれている再臨したキリストによる一〇〇〇年間の至福な統治のことである。その後サタンが活躍するがすぐに滅ぼされて、最後の審判が行われる。ここで歴史は終焉することになる。

（5）デーヴィッド・ヒューム（一七一一〜七六）はカントと同時代のイギリスの哲学者。

ジョン・ロックの経験論的な哲学を深め、認識論の分野で鋭い洞察を示している。政治学についての考察もあり、この言葉は「古代人口論」で語られている。該当部分を邦訳から引用しておく。「わたくしの見解では、トゥキュディデスの第一頁が、真実の歴史の発端です。それまでの叙述はすべて、神話と全くごっちゃになっており、したがって、哲学者は、その大半を、詩人と雄弁家の潤色の用に委ねるべきです」（D・ヒューム『市民の国について』上巻、小松茂夫訳、岩波文庫、九一ページ）。

人類の歴史の憶測的な起源（一七八六年）

◇憶測による歴史の可能性

史料に欠けているところがある場合には、人間の歴史の進展に憶測をさしはさむことは許されることだろう。すでに起きた事柄は、遠く離れた原因として把握され、これから起こることは、その結果として推測されるが、その原因から結果への移行を理解するためには、そのあいだに別の原因を発見する必要がある。そのための確実な導きの糸として、憶測を利用することができる。もっとも歴史《ゲシヒテ》をすべて憶測から作りだしたのでは、小説《ロマン》の構想を立てるのと変わりがなくなる。それでは憶測による歴史という名にはふさわしくなく、たんなる物語になってしまう。

人間の行動を記述する歴史に憶測をさしはさむことは許されないことだろう。しかし人間の歴史の起源を記述するには、それが自然による起源であるかぎりにおいて、憶測を試みることは許されるのである。この歴史の起源は、仮構として物語る必要はなく、経験からとりだすことができるからだ。ただそのためには、起源における人間の経験が、現在の経験と同じ性質のものであり、善くも悪くもないことを想定しておくべきである。この想定は自然の類推に基づいたものであり、大胆な想定ではない。

だから人間の本性に内在する根源的な素質から、最初に自由が発展してくる状況を記述する歴史は、その後の自由の進展を語る歴史とはまったく異なる性質のものである。その後の自由の歴史は、現実の史料だけに基づいて根拠づけることができるからだ。

◇漫遊

ところでこの憶測は、理性にともなう想像力の働きであり、精神を向上させ、精神の健康の役に立つものとみなすべきである。これを学問的な仕事と自称してはならないのであり、他者の同意をあまりに求めてはならないものである。だから憶測は、同じ出来事について、現実の史料に基づいて記述する歴史と同じ地位を要求しようとするものではない。現実の史料の吟味は、たんなる自然哲学とはまったく異なる基礎に基づいて行われるのである。わたしはこの論文ではたんなる楽しみのための〈漫遊〉を試みたいと思う。

そこで読者には次の二つのことを期待しておきたい。まずわたしが、地図の代わりに聖書の情報を利用することをお許しいただきたい。次にいわば想像力の翼に乗ってこれから旅する道程と（もちろん理性の力で経験と結びついた導きの糸に頼りながら）、聖なる史料に歴史の物語として描かれている道筋は、まったく一致するものと想定することをお許しいただきたい。読者は旧約聖書の史料（モーセ第一書の二章から六章）のページを開いてみて、哲学がその概念にしたがって進む道程と、歴史が示す道程が重なることを、一つずつ確認していただきたいのである。

◇エデンの園

ところで憶測のうちにおぼれてしまわないためには、人間の理性によっては、先行する自然の原因から導きだせないものに歴史の起源を定める必要がある。すなわち人間の歴史は、人間の存在という事実から始まるべきなのである。しかも母親の援助を必要とすべきではないので、成人した人間の存在を想定する必要がある。また子孫を繁殖させる必要があるので、夫婦でなければならない。しかも人間がすぐに戦争を始めることのないように、この夫婦はただ一組の夫婦でなければならない。見知らぬ人間が近くに住んでいると、すぐに戦いになるからである。また別の理由としては、自然が複数の夫婦による異なった血統の存在を認めたならば、人間の使命の最大の目的である社交性を発揮させるための賢明な準備を怠ったとして非難されることになりかねないからである。これについては家族がただ一組であり、そこからすべての人類が誕生したとするのが最善の配置であるのは確実だからだ。

さてこの夫婦を、猛獣の攻撃から守られ、すべての食料が自然によって豊富に与えられる場所に、すなわちつねに温暖な風土にある園に住まわせることにしよう。さらにこの夫婦が自分の能力を利用する熟練度において、すでにきわめて進歩しているとみなそう。だから夫婦の本性は、まったく粗野な状態にあるわけではないと想定する。というのは、粗野な状態から熟達の状態に移行するにはきわめて長い時間がかかるものだから、この移行について詳しく述べようとすると、わたしの憶測はやりすぎだと思われるだろうし、確からしさに欠けると感じられるはずだからである。

こうして最初の人間は立ち、歩むことができた。話すこともできた[*1]。それだけでなく論じること、すなわち連結された概念にしたがって会話することができた[2]。だから思考することができた。ただし熟練だけはみずから獲得する必要があった（生まれつきのものだとすると遺伝するはずだが、経験からこれは否定されるのである）。わたしは最初の人間の行為における倫理的《ジットリッヒ》なものの発展だけについて考察しようとするのであり、これはこうした熟練を必要とするものであるために、最初の人間はすでに熟練をそなえていると想定する。

原注［＊］

まだ孤独なままでいる人間は、他者に自分の気持ちを伝えようとする衝動につき動かされて、自分以外の生物、とくに自分が真似ることができるような音を立て、その音を名前として利用することができるような存在に向かって、まず自分の存在を告げ知らせるようにしたに違いない。子供たちや無思慮な人々のうちにも、こうした衝動が同じような働きをすることが観察できる。彼らはだみ声をだしたり、叫んだり、口笛をふいたり、歌ったり、そのほかにも騒がしい会話をして（騒がしい祈りのことも多い）、同じ公共体のうちで思索を専門とする人々を妨げるのである。こうしたふるまいの動機としては、自分たちの存在を周囲の人々に告げたいという願いしか思いつかないのである。

◇神の命令

新たに生まれるこの夫婦を最初に導いていたのは、本能とすべての動物が聴きしたがう神の声であったに違いない。神の声は夫婦にいくつかの食べ物を許し、いくつかを禁じた。[3] しかしそのために、夫婦がいまはすでに失われた本能にしたがっていたと想定する必要はない。ある食べ物が食するのに適しているかどうかをあらかじめ感じとる能力があるためには、嗅覚の感官があり、それが味覚の感官とある親和性をそなえ、よく知られているように、味覚は消化器官と共感しているだけでよいのであり、現在でも人間にはこうした知覚があるのである。しかも最初の夫婦においては、こうした感覚が現在の人間よりも鋭かったと想定する必要はない。感覚だけで生きる人と、感覚だけではなく思想の活動に従事する人、そのために感覚には背を向けがちな人とでは、知覚の力にどれほどの違いがあるかは周知のことだからである。

◇原初の侵犯——掟に対する違反

まだ経験のない人間がこの自然の呼び掛けに聴きしたがうかぎりは、それでよかったのである。しかしやがて理性が働き始め、本能とは結びついていない器官、たとえば視覚の器官が、まだ食べたことのない食べ物と、かつて味わったことのある食べ物との類似を思いうかばせる。そして人間はこの二つを比較するようになり、食料についての知識を本能による制限を超えて拡張しようと試みたのである。[4] このような試みは、本能が勧めないまでも反対しないものであれば、偶然によってうまくいったかもしれなかった。しかし理性には、欲望の実現をめざす自然の衝動がないときだけでなく、自然の衝動がそれに反対するときでさえも、想像力の助けを借りて、さまざまな欲望を作りだすことができるという性質がある。

この欲望は最初は渇望と呼ばれたのであるが、この渇望の力で、やがて無益であるだけでなく、自然に反する多数の嗜好が次から次へと生みだされ、これが奢侈と呼ばれるようになる。自然の衝動に背こうとするきっかけは、ごく小さなものでよかったのである。しかし最初の試みが成功し、人間が自分の理性はすべての動物に加えられている制限を超えることができることを認識したことは重要であり、人間の生き方にとって決定的な意味をもつものだった。

ここに一つの果実があり、その外見は、かつて食べたことのある別の美味な食物を思い浮かばせて、食べてみたくなったとしよう。そこに蛇がやってきてその果実を食べるという手本を示してみせた。この動物にとってはこの果実を食べることはふさわしいことだったが、人間にとっては有害なことであり、自然の本能はこれを食べることに反対した。蛇の示したこの手本が、理性が自然の声にさからい[5]、自然の声が反対するにもかかわらず、自由な選択をする最初の試みをするきっかけとなったのだった。この最初の試みは、おそらく期待にそぐわない結果となったに違いない。それにこの試みから生じた害も小さなものだったに違いない。しかしこのことによって、人間の目が開かれたのである(6)。人間は、自分のうちにみずからの生き方を選択する能力があり、ほかの動物のように、生まれつきの生き方に縛られていないことを発見したのである。

人間は自分のうちにこのような利点があることに気づいて、一瞬は満足を感じたのだが、すぐに不安と憂慮が生まれたはずである。物の特性も、遠い将来に発生する結果も何も知ることのなかった人間は、新たに発見したこの能力をどう働かせればよいか、分からなかったからである。人間は深淵をのぞきこんだのである。これまでは本能が欲望の対象を指示してくれたのだが、いまや欲望の対象が無限になり、何を選択すればよいか途方にくれたのである。しかもひとたびこのような自由を享受したあとでは、本能に支配された隷属状態に戻ることはできなかった。

◇いちじくの葉

自然はそれぞれの人を食物の選択に関する本能によって養うが、つぎに重要なのは、すべての種を維持する生殖本能である。そしてひとたび目覚めた理性は、この本能にも影響を及ぼさずにはいなかった。人間はすぐに次のことを悟ったのである。性的な刺激は、動物にあってはほぼ一定の周期にしたがう一時的な衝動によるものであるが、人間は想像力によって性的な刺激を長引かせることも、さらには増やすこともできるのである。欲望の対象が感官のもとから失われても、想像力が働いて、たとえその刺激の力は弱まるとしても、それを長続きさせ、均質に働かせるのである。

そしてたんなる動物的な欲望であれば、満たされるとすぐに飽きてしまうが、人間の欲望はそうはならないのである。だからいちじくの葉[7]というのは、理性の発達の第一段階であるよりも、理性の偉大な現れを示すものにほかならない。というのは欲望の対象が知覚から隠されると、それにたいする好みはますます内的で、持続的なものとなるのである。ここに理性が衝動を支配するという意識がすでにみられる。

最初の段階では、理性は多かれ少なかれ衝動に奉仕する能力だったが、いまやそのような能力ではないことが明らかになったのである。拒むことは、たんなる感覚的な刺激を観念的な刺激に変え、たんなる動物的な欲望を次第に愛に変えるための技巧だった。この愛によってたんなる快適さの感覚から、美を好む趣味が生まれる。最初に人間は、人間たちの美しさだけを好んでいたが、やがて自然の美にも目を開くようになる。

礼儀とは、軽蔑の念を招きかねないものを隠すという善き作法であり、他者の尊敬をみずからに集めようとする傾向であり、すべての社交の本来の基盤である。これが人間を倫理的な被造物として育むための最初のきっかけとなったのだった。これは小さな始まりではあるが、人間がみずからの思考をまったく新しい方向に向けたという意味で、一つの画期をなすものであり、その後につづく果てしのない文化的な拡大よりも重要な意味をもつものだった。

◇死の不安

理性はこのように、食料と性という直接的な必要性に介入した。次の第三の歩みは、熟慮をもって将来の事柄を予期することだった。これは、たんに目の前にある生活を享受するだけでなく、これから来るべき時間を、しかもきわめて遠い将来まで、まるで現在のようにありありと思い浮かべることができる能力である。みずからの使命にしたがって、遠く離れた目的にあわせて調整することができるのは、人間の決定的な長所である。しかし同時にこの能力は、ふたしかな未来について思うことで不安と憂慮を生みだすいわば〈汲み尽くすことのできない泉〉でもあり、ほかのいかなる動物にもそなわっていないものである(8)。

夫は、みずからと妻を、そしていずれ生まれてくる子供たちを養わねばならないこと、自分の労働がますます辛いものになることを予測した。妻は、自然から与えられた子供を産むという女性の労苦と、自分よりも力の強い夫から与えられる苦しみを予測した。夫も妻も、このように生涯の辛い生活を思い描いただけでなく、この生涯を描いた一枚の絵の背後に、さらに死を予測して恐れおののいた。いかなる生き物にも死は避けられないものではあるが、ほかの動物たちは死を恐れることを知らないのである。最初の人間たちは、理性がこのようなあらゆる悪をもたらすのをみて、理性を使用することを避け、それを罪とみなしたようである。夫婦の唯一の慰めは、子孫に囲まれて生きることだった。子孫たちはもっと幸福に生きるだろうし、家族の力で苦しみが軽減されるだろうと考えたのである(9)。

◇自然の目的としての人間

人間を動物の仲間から際だって高い地位に上らせるために理性が進めた第四の歩み、そして最後の歩みは、人間はみずからが自然の目的そのものであり、これについては地上のほかの動物は人間に伍することができないことを（おそらくぼんやりと）理解したことである。人間が羊に向かって初めて「お前が身につけている毛皮は、自然がお前に与えたものではなく、わたしのために与えたものだ」と言って、毛皮を羊から奪い、自分の身にまとったとき[10]、人間は自分の本性を理解し、すべての動物よりも高い地位についている特権を認識したのである。こうして人間はもはや動物たちを、同じ被造物の仲間とはみなさず、みずからの意志で自由に使うことのできる手段であり、道具であるとみなすようになったのである。

　この考え方は（ぼんやりとではあるが）、その反対の命題を含むものだった。人間はほかの人間にはこのように語ることはできず、ほかの人間を自然の賜物を平等に分かちあう仲間とみなさなければならないということである。これは理性が、いずれ人間の意志に課す制約の前触れのようなものであり、人間は自分の仲間たちに配慮することを求められるのである。これは好みや愛よりも、社会の設立のために必要なものなのである。

◇楽園の夢

こうして人間はすべての理性的な存在者と対等なもの（ほかの理性的な存在者の地位の問題は別だが）となったのである[11]。すなわち人間はみずからが自然の目的そのものであれという要求にしたがう者として、ほかのいかなる存在者からも自然の目的として尊重される者となった。人間はごくわずかでも、ほかの目的の手段として使われてはならないのである。人間が、自分よりも上位の存在者とも無制限に平等であることの根拠はここにあるのであり、人間が理性をもつ存在者だからではない。理性とは、さまざまな好みを満たすための道具にすぎないのである。人間よりも上位にある存在者は、自然の素質においては比較にならないほどに優れているかもしれないが、そのことのために人間を自分の好きなように処理し、管理する権利はないのである。

この最後の歩みは、自然という母の懐から人間を解放することと結びついていたのである。これは人間にとっては栄誉のあることではあるが、同時に危険な変化でもあった。人間が、調和のとれた安全な幼児の保育段階から、すなわち苦労せずに生活することのできる〈園〉から、憂慮と苦労と、未知の悪が待ち構えている広い世界へと追いだされたということでもあった(12)。

人間はやがて生活の苦労のあまり、天国《パラダイス》を思い描くことになるだろう。これは人間の想像力の産物である。天国では人間は穏やかで安楽な暮らしと、揺らぐことのない平和のうちに、夢のごとき生活を送り、無為のうちに過ごすのである。しかし人間がこのように夢想した安らぎの生活と現実の生の間には理性が介在し、人のうちにそなわるすべての能力を発展させるために弛《たゆ》みなく働き、人間が追いだされた未開と素朴の状態に戻ることを許さないのである(13)。理性は、人間が忌み嫌う労苦へと駆り立て、人間が軽蔑する虚飾の品を追い求めさせた。こうして人間は死を恐れおののきながらも、さまざまな些事を失うことを恐れるあまり、死をも忘却するにいたるのである。

◆補足

◇悪の端緒

人間の歴史の端緒についてのこうした記述から明らかになることがある。人間は理性によって最初の滞在場所として指定された〈園〉から外にでたが、それはたんなる動物的な被造物としての未開な状態から人間性へと進み、本能という歩行器に頼らずに理性に指導されるようになること、すなわち自然が後見する状態から自由な状態へと移行することだった。この変化が人間にとって利益となるものだったか、それとも損失となるものだったかは、人間の使命を考えてみれば、もはや議論の余地はない。人間の使命とは、完成に向かって進歩することにあるのである。この目的のために、人類は一つの世代から次の世代へと、長い連鎖を結びながら試みをつづけているのであり、最初の試みが失敗したからといって、問題ではない。

　このプロセスは、人類にとっては悪しき状態から善き状態への進歩であるが、個人にとってはそうではない。理性が目覚める前には、命令も禁止もなかったので、侵犯というものはなかった。しかしまだ微力ではあるとしても理性が働き始めて、動物性と全力で闘うようになると、そこに諸悪が発生する。さらに悪いことには、理性が開化されたものとなると、無垢《むく》の状態ではまったく知られていなかったさまざまな悪徳が生まれるようになるのである。だからこの無垢な状態から脱出する最初の一歩は、道徳的には堕落であった。そして自然という側面からみると、この堕落から、それまで知られていなかった生活における多数の悪徳が生まれたのであり、これは人間に与えられた罰である。

このように自然の歴史は善から始まる。それは神の業だからである。しかし自由の歴史は悪から始まる。それは人間の業だからである。個人は、理性を行使する際にはみずからの利益だけを考えるのであり、この移行は個人にとっては損失であった。しかし類としての人間を目的とする自然にとっては、この移行は利益であった。個人としての人間には、自分のこうむるすべての悪と、自分の行うすべての悪を、みずからの責としてひきうけるべき理由がある。しかし全体の（類の）一員としての人間には、自然の配置の賢明さと合目的性に感嘆し、称《たた》えるべき理由があるのである。

◇文化が自然に

このように理解すれば、誤解されることの多い有名なJ・J・ルソーの主張も、それが一見してたがいに矛盾しているようにみえるとしても、理性と一致させることができるのである。ルソーは学問の影響と人間の不平等を論じた著作において(14)、人間の本性と文化が対立するのは避けられないものであることを説いているが、これは正しいのである。ここでルソーのいう人間とは、自然的な類としての人類のことであり、すべての個人は類としての人間のうちでみずからの使命を実現すべきなのである。

しかし『エミール』と『社会契約論』などの著書でルソーは、困難な問題にふたたび取り組んでいる。これは道徳的な類としての人類の素質が、人間の使命に適った形で発展し、道徳的な人類が自然の人類ともはや対立しないようにするためには、文化はどのように発展すべきかという課題である。人間の生活を圧迫するすべての悪と、人間の生を汚れたものにするすべての悪徳は、この対立から生まれるのであり、人間と市民を育む教育の真の原則にしたがった文化は、まだ完成していないどころか、おそらくまだ始まってもいないのである。[*]

ところでこのような諸悪や悪徳へと促すものを人々は非難するのだが、これはそれ自体では善であり、自然の素質として目的に適ったことなのである。ただしこの素質は、たんなる自然状態にあわせて作られたものであり、新たに形成される文化によって毀損されたり、反対に文化を阻害したりするものとなることがある。これは文化がふたたび自然そのものとなるまでつづくのである。文化が自然となること、これこそ人類の道徳的な規定の最後の目的にほかならない。

原注［*］

人類は、道徳的な使命を果たそうと努力する一方で、粗野で動物的な状態を維持するために本性のうちに定められた法則を実行することをやめない。ここで、この対立の実例を示そう。

人間が成熟して、子孫を産むという衝動と能力をそなえる時期は、自然によって一六歳から一七歳と定められている。これは少年が粗野な自然の状態において、文字どおりの意味で男性になる年齢である。この年齢に達すると、みずからを養い、妻に子供を産ませ、子供と妻を養う能力を獲得するからである。欲求するものが簡素なものであれば、これは容易なことである。しかし文化の進んだ段階では、生計を立てるためのさまざまな手段が求められるようになり、熟練においても、外的に好ましい状況においても、多くのことが要求される。だから成人する時期は、少なくとも市民社会では、これよりも一〇年は遅くなるのである。

しかし自然は、社会的な洗練の進展に合わせて人間の成熟の時期を変えることを拒み、動物の一員としての人類という種の保存の法則をかたくなに維持しつづけている。このために自然の目的が道徳によって損なわれ、道徳が自然の目的によって損なわれることになるのである。自然の人間はすでに一定の年齢で男性になっているが、市民としては（市民となってもまだ自然の人間であることに変わりはない）、いまだに少年であり、ときにはまだ小児である。市民的な状態にあっては、その年齢では、たとえ子供を産ませる衝動と能力をそなえていて、子供を産ませよという自然の呼び掛けにこたえるとしても、まだみずからを養うことはできず、ましてや子孫を養うこともできない。

自然が生物に本能と能力をさずけたのは、これと闘うためでも、これを抑圧するためでもない。生物の自然的な素質は、礼節のある状態にふさわしく考えられたものではなく、動物としての人類を維持するためである。そして人間の礼節のある状態が、動物としての人類の維持と対立するのは避けられないことである。完全な市民的体制だけがこの礼節のある状態を作りだすことができるのであり、文化の究極の目的は、この完全な市民的体制を構築することなのである。現在はまだ動物としての人類の状態と完全な市民的体制の確立の中間段階にあり、こうした段階につきものの悪徳とその帰結、すなわち人間の多様な悲惨が支配しているのである。

自然は動物としての人類を維持することと、道徳的な類としての人類を維持することという二つの目的を実現するために、人間に二つの素質を与えておいたのである。この主張の正しさを証明するために、別の例をあげよう。ヒポクラテスの「芸術は長く、人生は短い《アルス・ロンガ・ウィタ・ブレウィス》」という言葉である。学問や技術に従事するのにふさわしい人がいて、この人が長期にわたる修練と、獲得した知識に基づいて、円熟した判断を下せるようになったとしよう。この人が次々とつづく学者の世代の全体よりも優れた判断を下せるようになっていて、精神の若々しい力をもって、学者の世代に与えられた時代を生き抜いたとしたら、どんな学者よりもすぐれた成果をもたらすことができるだろう。

ところが自然は、科学の要請とは異なる視点から、人間の寿命を決めている。このように聡明な人も、その修練と経験の力で期待しうる最大の発見をしようとする間際になって、すでに老衰が始まるのである。この人は頭が鈍くなり、文化の発達のために貢献すべき時間を、次の世代に委ねなければならないのである。

そして次の世代は白紙の状態からやり直し、前の世代が歩んできたすべての道程を、ふたたびたどり直さねばならないのである。人類が自分の使命を実現するために歩む道程は、このようにたえず中断され、最初の粗野な状態に戻る危険性につねに脅かされているようである。ギリシアのある哲学者は人がそもそもどのように生きるべきかを理解し始めるそのときに、もはや死ななければならないのはいかにも残念なことだと語ったが、まことにそのとおりなのである。

第三の例としては、人間の不平等をあげるべきだろう。それも自然が与えた不平等や幸運による不平等ではなく、普遍的な人間の権利の不平等である。この不平等についてはルソーが告発しており、この告発はじつにもっともなことである。しかしこうした不平等は、文化が計画もなしに進展するかぎり避けられないものであり、長い年月のあいだ、文化は計画なしに進展せざるをえないのである。

この不平等は自然が人間に定めたものではない。自然は人間に自由と理性を与えたのであり、この自由は、理性が定めた普遍的で外的な合法性（これは公法と呼ばれる）によらなければ制限されないのである。人間は自然の素質にしたがってすごす粗野な状態から自力で脱出すべきであるが、みずからを改善する過程において、自然の素質を傷つけることのないように注意すべきなのである。しかしこのように繊細な注意を払うという技は、もっと後の段階になって、しかも多くの失敗を経験した後になってから初めて獲得できるものである。それまでの過渡期においては、人間はみずからの経験のなさのために招いた諸悪にあえぐしかないのである。

◆端緒の歴史の終わり

◇農耕者と牧畜者の分離

これにつづく時代は、人類が安逸と平和を享受する時期から、労働と不和の時期に入ったときに始まる。これは同時に社会を設立して結合する時代の到来の前触れでもあった。ここでもわれわれは大きな飛躍をしなければならない。人類は一挙に、飼って育てた家畜と、種を播いたり植えつけたりして栽培した野菜を食料として所有する段階へと進むのである[15]。野獣を狩猟する最初の段階から、家畜を所有する第二の段階への移行、あてどもなく草木の根を掘り、果実を集める採集段階から、野菜を栽培する第二の段階への移行は、ゆっくりと時間をかけたものだったに違いない。

この段階で、それまではたがいに平和に暮らしてきた人々の間に対立が生じたはずである。その結果として生活方法に違いが生まれ、人々は地球上に分散して生きるようになったのである。牧畜生活は安楽であるだけではなく、まだ人々の居住していない広い地域さえあれば飼料に不足することがないために、確実な生計の手段でもあった。これにたいして農耕や栽培はきわめて辛いものであり、不安定な天候に左右され、不確実なものだった。そして一か所に定住して土地を所有する必要があり、所有した土地を防衛するために十分な力をそなえる必要があった。牧畜者たちは、土地の所有者がいると自由に放牧できなくなるために、土地に所有者がいることを憎んだ。このように牧畜生活のほうが有利であったために、農耕者は牧畜者のほうが天から恵まれていると妬んだようである。(16)

実際には、農耕者の近くにとどまるかぎり、牧畜者は農耕者にとってきわめて邪魔な存在だった。草をはむ家畜は、農耕者が栽培している野菜も食べてしまうからである。しかも牧畜者は、家畜が野菜を食べてしまったあとで、群れとともに遠くに去ってしまい、いかなる損害賠償もまぬがれるのは簡単なことだった。そしてその土地を立ち去る際には、どこででも手にはいるものしか残してゆかないのである。だから暴力を必要としたのは農耕者の側であり、とくに禁じられているとも感じずに行われる牧畜者の侵害に対抗するためだったに違いない(そしてそのきっかけがなくなることはなかっただろう)。あるいは長い労苦の産物を、このような形で失いたくなければ、できるかぎり牧畜生活が営まれる場所から離れたところに移らざるをえないだろう。(17)この分離が第三段階の始まりを画するのである。

◇統治機構と不平等の発生

農耕生活では、土壌を耕し、野菜を栽培し、とくに果樹を植樹する必要があるため、定住する住居が必要となる。そしてこうした栽培地をさまざまな損害から防衛するには、たがいに助け合う人々の集まりが必要となる。こうして農耕生活にあっては、人々はもはや家族単位で分散して居住するのではなく、集まって村落を作る必要があった（これはまだほんらいの意味での都市ではなかった）。農耕者たちはこのような方法で、粗野な狩猟者や牧草を求めて放浪する牧畜者たちから、所有物を防衛しなければならなくなった。生活のさまざまな必需品を生産するためには、最初はさまざまに異なる生活様式が必要であり(18)、やがてたがいに交易によって必需品を取得できるようになった。こうして文化が生まれ、技芸《クンスト》が始まった。気晴らしのための芸術《クンスト》と、勤労のための技術《クンスト》である(19)。

しかし何よりも重要なことは、こうして市民的体制と公的な正義のための手立てが準備され始めたということである。これはもちろん凶暴な暴力行為に対処するためであった。しかしこうした暴力に対する報復は、野生の状態のように個人の手に委ねられるのではなく、全体を統括する合法的な威力に、すなわちある種の統治機関に委ねることが必要になったのである。そしてこの統治機関にたいしては、いかなる暴力も行使されなくなった[20]。

この最初の粗野な状態から、次第にさまざまな人間的な技芸が発達することができたのだが、そのうちでも社交性と市民的な安全性の技術がもっとも有益なものだった。やがて人類はその数を増し、中心となる巣箱から分封して増えていく蜜蜂の群れのように、すでに発達した技芸をそなえた人々の群れを移民として送りだし、どこまでも広がっていったのである。この時代にはまた人類のうちに不平等が発生し、さまざまな悪の源泉となったが、同時にこの不平等はすべての善の源泉でもあり、その後はますます大きなものとなっていった。

◇都市の誕生

遊牧する牧畜者たちは、神だけを自分の主人として認めたが、都市の住民と農耕者たちは、一人の人（首長）を自分たちの主人と仰いだ*[21]。ところで牧畜者たちが都市の住民や農耕者たちの周囲に群がって住んでいるかぎり、すべての土地所有者の敵として立ち現れ、憎まれるのであり、この両者のあいだでは戦争が跡を絶たず、少なくともつねに戦争の危険性がやむことはなかった。

しかしこの二つの民は、その内部では自由という貴重な善を享受することができたのだった（現在でも戦争の危険性は、専制的な支配を緩和する唯一の手段である。国家が力をもつためには富が必要であり、富を生みだすことのできるのは仕事熱心な人々であり、それは自由なしではありえないからである。貧しい国では公共体を維持するために人々が協力しなければならないが、そのためには国民がみずからを自由だと感じていなければならないのである）。

やがて時が経つとともに、都市の住民が次第に贅沢になり、とくに人々の心を惹く技術が発達してくる。そして都市の女性たちはこの技術をつかって、汚れた野育ちの娘たちをはるかにしのぐ魅力を発揮したのであり、これが牧畜者たちを誘惑する強い力を発揮したに違いない(22)。こうして牧畜民も都市の住民と交わるようになり、うわべは輝かしいが実際は悲惨な都市の生活にひきこまれる結果となったのだった。

原注［*］

アラビアのベドウィン族は、いまでもこの種族の先祖であるかつての首長（ベニやハレドなど）の子孫であると主張している。この首長は人々の上に立つ主人ではないし、自分の欲するままに暴力を行使することもできない。遊牧民においては、遺産としてうけつぐことのできる所有物をもつ者はいないので、どの家族でも気にいらなければ、それまで属していた部族から離れて、別の部族に加わることができるのである。

このように、それまでは敵対していた二つの民がともに暮らすようになると、いかなる戦争の危険性もなくなり、それとともにすべての自由も失われた。一方では専制的に支配する暴君が登場し、他方ではまだ文化が始まりかけた段階にすぎないところで、きわめて忌まわしい奴隷状態において、魂を奪われた人々が贅沢にふけるようになり、未開の状態におけるあらゆる悪徳と混ざりあった。こうして人類は、善を好む素質を完成させるために自然が人類に示した進路から、いやおうなく逸脱することになったのである。人類はもともとは、獣のように快楽を享受し、奴隷のように仕えるべき存在ではなく、地上を支配すべき存在であるのに、この使命にふさわしくない存在になったのである。(23)

◆結論として

◇摂理

もの思う人間は苦悩を感じる。これはものを思わぬ人は知らない悩みであり、あるいはこの苦悩から道徳的な堕落が発生するのかもしれない。この苦悩は、世界のすべてを支配している神の摂理に満足できないために生まれるからだ。それに諸悪が襲いかかり、人類を悩ませていて、いかなる改善も期待できない（ようにみえる）からだ。しかしわれわれがこの摂理に満足することは、きわめて大切なのである。この摂理がたとえ人間のために地上で辛苦の多い道程を定めていたとしてもである。それはこうした艱難《かんなん》のうちでもつねに勇気を失わないでいるためであり、またこれらの悪を運命の責任に転嫁しないためでもある。これらのすべての悪の責任は人間だけにあり、人間がその唯一の原因なのである。われわれはみずからを改善すべく努め、諸悪に対抗するための工夫を怠ってはならないのである。

◇第一の逆説——戦争の悪とその役割

戦争という最大の悪が、道徳的に開化された民族を苦しめているのはたしかである。

しかもわれわれは現実の戦争や、かつての戦争そのものよりも、将来の戦争にそなえる準備のために苦しめられている。この戦争のための軍備はやむことがなく、しかも絶えず増大するばかりである。この目的のために、国家のすべての力が、偉大な文化の創造のために使えたはずのすべての果実が、浪費されているのである。そしてさまざまな場所で自由が抑圧される。国民に母親のような慈愛を向けられるべきところで、過酷なまでの厳しい要求がつきつけられる。そしてこの過酷さも、外国からの戦争の脅威という名のもとに正当化されるのである。

それでもまだ文化が残っているのは、共同体のさまざまな身分の人々が緊密に協力してたがいの福祉を改善しようとしているのは、厳しい制約を加える法律のもとでもまだ国民のうちにある程度の自由が残っているのは、こうした戦争の脅威のために、国家の元首たちが人間性を尊重せざるをえないからではないだろうか。たとえば中国《ヒナ》では地理的な位置のために、予想外の外敵の来襲をうけることはあるかもしれないが、いまのところは強力な敵の攻撃を恐れる必要はない。そのためこの国では自由は跡形もなく根絶されているのである。

こうしてみると、人類がいま到達している文化の水準では、戦争は文化をさらに進歩させるための不可欠な手段となっているのである。永遠につづく平和がわれわれにとって幸福をもたらすのは、文化が完成された後のことであり（それがいつのことになるかは、神のみぞ知る）、文化が完成されなければ、永遠につづく平和はありえないのである。だからこの戦争と平和という問題については、戦争の惨禍をひどく悲嘆しているわれわれこそが、その責めを負うべきだということになる。聖書では、まだ文化が始まったばかりの段階で、さまざまな民が宥和《ゆうわ》して一つの社会にまとまり、外敵の危険性から完全に守られると、それがその後の文化の発展を阻害し、癒すことのできない堕落へと落ち込むことを描いているが、それはまったく正しいのである。

◇第二の逆説——寿命の短さとその役割

人間が嘆いている第二の不満は、自然が人間の寿命を短く定めたことである。しかし人が、自分の人生がもっと長くなるべきだと望むとしたら、人間は人生の価値の評価の仕方を知らないと言わざるをえない。寿命が長くなるということは、ひたすら辛苦と戦う日々が長くつづくことになるからである。しかし人間が生を愛することなく死を恐れ、一日一日を何とか満足して生きることすら難しいのに、このように苦労を繰り返す日々がまだ足りないといって嘆くとしても、それはたんに判断力が子供じみているからだと済ませることはできない。考えてもみよう。これほど人生は短いというのに、日々の糧をえるためにいったいどれほどの労苦が費やされていることだろう。たとえごく短いあいだしかつづかないとしても、将来の享楽を期待して、どれほどの不正が犯されていることだろう。だから理性的に考えるかぎり、次のように思わざるをえないのである。もしも人間が八〇〇歳以上の寿命をえたとすると、たとえ親子であっても、兄弟や友人のあいだでも、もはや生命の安全を保証することはできなくなるだろう。そしてこれほど長く生きる人類の悪徳の大きさを考えると、世界を覆う洪水によって地表から一掃されるのが、人類にはふさわしい運命と言うべきだろう(24)。

◇第三の逆説――ユートピアの空しさと不平等の役割

人間がいだく第三の望みは、詩人たちがあれほどに賛美する黄金時代への願望であるが、これは望みというよりも、空しい憧れのようなものだ。この願望がその一部でも実現することがありえないことは、だれもが知っていることだ。この黄金時代が訪れれば、贅沢さのために人間が背負いこんでいるすべての要求から解放されて、自然の求めるものだけに満足し、だれもが完全に平等になり、人間のあいだに永遠の平和がつづくとされているのである。要するに、労苦のない生活を怠惰のうちに夢見るように享受し、子供の遊びのうちに日々をむだに過ごす時代が到来することを考えるのである。

ロビンソン・クルーソーの物語や、南国の小島への旅行がわれわれを魅惑するのは、このような憧れのためなのだが、これは思慮のある人々が文明的な生活を送るうちにつねに感じざるをえない倦怠《けんたい》の気持ちの表れなのである。こうした人は文明的な生活の価値は享受だけにあると考えていながら、生活に価値を与えるのは行動であることを理性の力で思いだすと、ふだんの怠慢な生活の反動として、倦怠を感じるのである。

しかし原初の黄金時代についてのこうした思い込みを考えてみれば、人間がこのような純真で素朴な時代にもどりたいという願望はまったく空しいものであることがはっきりしてくる。人間はこのような状態にとどまることはできない。それに満足できないからだ。そしてふたたびこの状態にもどりたいと願うこともない。だから現在のような労苦に満ちた状態にいるのは、人間がみずから選んだことなのである。

◇端緒の歴史の帰結とその教訓

このように人間の歴史の端緒を描くことは有益なことであり、人間に教訓を与え、改善させる役割を果たすのである。歴史の端緒が教えてくれるのは、人間をおし潰そうとする諸悪を、神の摂理のせいにしてはならないこと、そしてみずから責を負うべき悪事を、先祖が犯した原罪のせいにしてはならないことである。先祖の原罪のために、子孫であるわれわれに、罪を犯す同じような傾向がうけつがれたのだと考えてはならない。人間がみずからの意志によって行ったことに、遺伝的なものが伴うことはありえないからだ。人間はみずからの行為には、完全な責を負うのである。そして自分の理性の誤用によって生じたすべての悪について、そのすべての責をひきうけるべきなのだ。考えてみればわかるように、理性を最初に利用するときにわれわれがもしも同じような状況に立たされたならば、祖先と同じようにふるまったに違いない。そしてアダムやイブと同じように、自然の教えに反して、理性を誤用したに違いないのである。責任の所在についての道徳的な問題さえ是正されていれば、自然の諸悪などというものは、その功罪を差し引き計算していくらも好ましいところが残っていないとしても、問題ではないのである。

　これが哲学的に考察した人間の原初の歴史の帰結である。われわれは摂理に満足し、人間の進歩のすべての過程に満足すべきなのである。人間の歴史というものは、最初に善の状態があって、これが堕落して悪に落ち込んだのではない。反対に悪しき状態から次第に善き状態へと発展していくものなのである。自然が人間に与えた使命は、各人が分におうじて、できるかぎりの力を発揮しながら、この歴史の進展に貢献することなのである。

訳注

以下の『旧約聖書』の邦訳は、新共同訳を引用した。

（1）カントは原文ではモーセ第一書第二章五節二〇と表記している。カントの表記は新共同訳とは合わないことが多いので、以下では省略して邦訳の「創世記」の該当箇所を示す。なお引用にあたってルビと改行は無視している。「人はあらゆる家畜、空の鳥、野のあらゆる獣に名を付けたが……」（二章二〇節）。

（2）「人は言った。〈ついに、これこそわたしの骨の骨、わたしの肉の肉。これをこそ、女（イシャー）と呼ぼう、まさに、男（イシュ）から取られたものだから。〉」（二章二三節）。

（3）「女は蛇に答えた。〈わたしたちは園の木の果実を食べてもよいのです。でも、園の中央に生えている木の果実だけは、食べてはいけない、触れてもいけない、死んではいけないから、と神様はおっしゃいました。〉」（三章二節〜三節）。

（4）「女が見ると、その木はいかにもおいしそうで、目を引き付け、賢くなるように唆《そそのか》していた」（三章六節）。

（5）「主なる神が造られた野の生き物のうちで、最も賢いのは蛇であった。蛇は女に言った」（三章一節）。

（6）「二人の目は開け、自分たちが裸であることを知り、二人はいちじくの葉をつづり合わせ、腰を覆うものとした」（三章七節）。

（7）前掲の注参照。

（8）次の注と重なるので、三章二〇節まで引用しておく。「主なる神は女に向かって言われた。〈何ということをしたのか。〉女は答えた。〈蛇がだましたので、食べてしまいました。〉……神は女に向かって言われた。〈お前のはらみの苦しみを大きなものにする。お前は、苦しんで子を産む。お前は男を求め、彼はお前を支配する。〉神はアダムに向かって言われた。〈お前は女の声に従い、取って食べるなと命じた木から食べた。お前のゆえに、土は呪われるものとなった。お前は、生涯食べ物を得ようと苦しむ。……お前は顔に汗を流してパンを得る、土に返るときまで。お前がそこから取られた土に。塵《ちり》にすぎないお前は塵に返る。〉。アダムは女をエバ（命）と名付けた。彼女がすべて命あるものの母となったからである」（三章一三節〜二〇節）。

（9）カントは原文では「五章一六〜二〇節」と注記している。内容は前注参照。

（10）「主なる神は、アダムと女に皮の衣を作って着せられた」（三章二一節）。

（11）「主なる神は言われた。〈人は我々の一人のように、善悪を知る者となった。今は、手を伸ばして命の木からも取って食べ、永遠に生きる者となるおそれがある。〉」（三章二二節）。

（12）「主なる神は、彼をエデンの園から追い出し、彼に、自分がそこから取られた土を耕させることにされた」（三章二三節）。

（13）「こうしてアダムを追放し、命の木に至る道を守るために、エデンの園の東にケルビムと、きらめく剣の炎を置かれた」（三章二四節）。

（14）ルソーの処女作『学問芸術論』と、代表作の一つの『人間不平等起源論』を参照されたい。いずれも『ルソー全集　第四巻』（白水社）に収録されている。

(15)「彼女はまたその弟アベルを産んだ。アベルは羊を飼う者となり、カインは土を耕す者となった」(四章二節)。

(16)「アベルは羊の群れの中から肥えた初子《ういご》を持って来た。主はアベルとその献《ささ》げ物に目を留められたが、カインとその献げ物には目を留められなかった」(四章四節〜五節)。

(17)「カインは主の前を去り、エデンの東、ノド(さすらい)の地に住んだ」(四章一六節)。

(18)「アダはヤバルを産んだ。ヤバルは、家畜を飼い天幕に住む者の先祖となった」(四章二〇節)。

(19)「その弟はユバルといい、竪琴や笛を奏でる者すべての先祖となった。ツィラもまた、トバル・カインを産んだ。彼は青銅や鉄でさまざまの道具を作る者となった」(四章二一節〜二二節)。

(20)「さて、レメクは妻に言った。〈アダとツィラよ、わが声を聞け。レメクの妻たちよ、わが言葉に耳を傾けよ。わたしは傷の報いに男を殺し、打ち傷の報いに若者を殺す。カインのための復讐が七倍なら、レメクのためには七十七倍。〉」(四章二三節〜二四節)。

(21) 少し無理があるが、カントは次の六章四節を指示している。「当時もその後も、地上にはネフィリムがいた。これは、神の子らが人の娘たちのところに入って産ませた者であり、大昔の名高い英雄たちであった」（六章四節）。

(22)「神の子らは、人の娘たちが美しいのを見て、おのおの選んだ者を妻にした」（六章二節）。

(23)「見よ、わたしは地上に洪水をもたらし、命の霊をもつ、すべて肉なるものを天の下から滅ぼす。地上のすべてのものは息絶える」（六章一七節）。

(24)「神は地を御覧になった。見よ、それは堕落し、すべて肉なる者はこの地で堕落の道を歩んでいた。神はノアに言われた。〈すべて肉なるものを終わらせる時がわたしの前に来ている。彼らのゆえに不法が地に満ちている。見よ、わたしは地もろとも彼らを滅ぼす。〉」（六章一二節〜一三節）。

万物の終焉（一七九四年）

◇永遠という思想

宗教の世界では、臨終の人が、わたしは時間から出て永遠に至ると語ることがある。

この表現は、もしも永遠というのが〈無限に至る〉という意味で理解されるならば、実際には何も言っていないことになる。それでは人は時間そのものから出ることはなく、たんにひとつの時間から出て、別の時間に入るだけだからである。だから永遠というのは、中断なく持続される人間のすべての時間の終焉でなければならない。しかしこの中断のない持続というものは、人間の存在を〈量〉とみなすなら、時間とはまったく比較できない量[1]が意味されているのでなければならない。もちろんこれについてはわれわれはいかなる概念ももてないのであり、消極的な意味でしか考えることができない。

この思想にはどこか気味の悪いところがある。われわれをたちまちのうちに深い淵のそばまで導き、その淵を覗《のぞ》きこませるからだ。この淵に落ちたら、もう二度と戻ってくることができないかのようである（「永遠は、何ものも戻ることのできない厳かな場所へと導き、そこで強き腕《かいな》でひきとめる」ハラー)[2]。しかしこの思想にはどこか魅惑的なところもある。恐れのあまり背けた眼を、繰り返しそこに向けざるをえないからだ(「彼らはこれを眺めて飽くことなし」ウェルギリウス)[3]。この思想は恐ろしいものであると同時に崇高なものなのだ。その理由の一つはこの思想のもつ暗さにある。人間の構想力は、明るい光のもとよりも、暗がりのうちでしっかりと働くものだからだ。

しかしこの思想は人間の普遍的な理想とも、驚くべき形で結びついている。いかなる時代においても、すべての理性ある民族のもとで、なんらかの衣装をまといながら姿をみせているからだ。ところで時間から永遠への移行という思想を、理性が道徳の領域で行ってきた移行という観点から考察すると、われわれは万物の終焉という思想にたどりつく。時間的な存在者も、人間が経験することのできる対象も、すべての物が終焉するのである(この時間から永遠への移行という理念を、認識を拡張するという理論的な働きから考察した場合に、それが客観的な現実性をもつかどうかは別の問題である)。しかし万物が終焉するということは、人間の目的の道徳的な秩序においてはむしろ、時間という条件のもとに縛られている存在者が、超感性的な存在者として存在し始めることを意味している。この超感性的な存在者は（そしてその存在状態は）、道徳的な規定のほかに特性をもつことがないのである。

◇最後の審判

日々とはいわば時間の産んだ子供である。というのは、翌日という日はそこに含まれるものとともに、前の日の産んだものだからだ。ところで両親が産んだ最後の子供は末子と呼ばれるが、ドイツ語ではすべての時間が終焉するときとしての最後の日は、末日と呼びならわしている。だからこの末日はまだ時間に属していることになる。この日にはまだ何かが起こるからだ（この日はまだ「永遠」に属していない。「永遠」においては何も起きないのである。何かが起こるのは、時間がつづいているからだ）。

この日には、人間の一生の行動の決算が行われる。これは裁きの日である。世界を裁く神が、人間に赦免か有罪かの判決を下すときである。時間において万物が本来の意味で終焉するときであり、同時に永遠が、祝福された永遠か、呪われた永遠が始まるときである。そしてこの判決（宣告）が下された瞬間にそれぞれの人に定められた運命は、その後は永遠に残ることになる。だから末日は同時に最後の審判の日でもある。

この最後の日に起こる出来事が、現在あるがままの状態における宇宙の終焉だったとしよう。そして人間を覆う天空から星辰《せいしん》が落下し、この天空そのものが墜落し（あるいは巻き物が巻かれるように天空が消滅してゆき）、そして天空も星辰も焼けてなくなり、祝福された者たちが住むべき新しい天と地が創造され、呪われた者たちが住むべき新しい地獄が創造されるとしよう。しかしこの審判の日はもちろん、末日ではないことになる。さまざまな事柄がその日につづくからだ。

だから万物の終焉という理念は、宇宙における物事の自然的な思索からではなく、道徳的な思索において生まれるのであり、こうした道徳的な思索だけをきっかけとしたものなのである。道徳的な思索は、永遠という理念と同じように、超感性的なものだけにかかわるのであり、この超感性的なものは道徳的なものとしてしか理解しえないのである。だからかの最後の日の後に起こる出来事というのは、人間が理論的には認識することのできない事柄の全体を、道徳的な帰結として目にみえるように示したものと考えるべきなのである。

◇救いに関する二つの体系

しかしここで、きたるべき永遠については、古代から二つの体系があったことを指摘しておくべきだろう。一つはユニテリアン派風の体系であり、もう一つは二元論の体系である。*ユニテリアン派(4)の体系では、長い（あるいは短い）贖罪の後にすべての人間が永遠の祝福を獲得するが、二元論の体系では祝福されるのは選ばれた者だけであり、残りの者は永遠に呪われたままとなるのである。しかしすべての人間が呪われた者となることが決まっている体系は、［宗教においては］存立する場がない。それでは人間が創造された根拠を説明できなくなってしまうだろう。創造主がみずから人間を創造しておいて、人間に欠陥があることに満足できず、この欠陥を是正するにはそれを破壊するしか方法がないといって、すべての人間を根絶するというのでは、創造主の叡智にそもそも欠陥があるということになってしまう。

ところで二元論にも、すべての人間が永遠に呪われると考えるこの体系と同じ難点がつきまとう。少数だとしても、たとえただ一人でも永遠に呪われるために創造されるのだとしたら、何のためにこの者は創造されるのだろうか、そもそもまったく存在しなかったほうがましではないかと、問わざるをえないからだ。

原注［＊］

こうした二元論の宗教の実例として、古代ペルシアの宗教（ゾロアスター教）がある。この宗教では、善の原理（オルムッド）と悪の原理（アーリマン）という原存在者が永遠に対立しているという想定に依拠しているのである。ところで、ドイツからはるかに遠い場所にある二つの国［インドとペルシア］の言語で、この二つの原理を呼ぶ名がいかにもドイツ語らしい響きであるのは興味深い。ソヌラーの著作によると、ブラマンの国であるアヴァでは善の原理はゴドマンと呼ばれている（ダリウス・コドマヌスという名前はこれに基づくようである）(5)。またアーリマンという語は、悪しき人（アルゲ・マン）というドイツ語の響きとよく似ている。現在のペルシア語にも、ドイツ語を起源とする多数の語がある。古代研究者の課題の一つは、言語の類似を導きの糸として、多数の民族の現在の宗教概念の起源を研究することだろう（『ソヌラーの旅行記』四巻二章二節B以下を参照されたい）。

たしかに考えてみれば、そしてみずから探求してみたかぎりでは、実践的な観点からは、二元論的な体系のほうが優れているようである（ただし一つの最高に善なる原存在者を想定する体系に限られる)。すべての人間がみずからを裁くべきであり、他者を裁く権利はないと考えるからである。各人がみずからを知り、一生の最後にあたって、それまで生きてきた生涯をふりかえって、良心に基づいて判断すること、これだけが理性の示す永遠への道なのである。

しかしこのような理性による判断では、教義を作るにも、教義に基づいて、みずからに(客観的に)妥当する命題を導きだすにも不十分である。というのは、次のことを決定できるほどに、みずからのことを深く知り、他者について細かに知ることのできる者はいないからである。自分では一生を心地よく送ってきたと考えているとしても、そこから幸運の恵みと呼ばれるものを差し引いてみよう。たとえば、生まれつき気立てが良かったとか、人間としての上級な能力(衝動を抑制する知性と理性の能力)が生まれつき強かったとか、偶然の力で幸いなことに、ほかの人々よりも誘惑の機会が少なかったとか、幸運による恵みをすべて、自分の実際の性格とは別のものとして考えてみるのである。こうした幸運の恵みによるものは、自分の功績にすることはできないのであり、自分の実際の性格を知るためには、これを差し引いて考える必要があるからである。

しかる後に、すべてのことを見ている世界の審判者の眼の前で、内的な道徳的な価値に基づいて、自分は他者よりも卓越した人物であると主張することができるだろうか。みずからについて表面的な知識しか所有していないにもかかわらず、他人や自分の道徳的な価値と、こうした価値にふさわしい運命を比較しながら、自分に有利な決定を下すのは、おろかしい自惚《うぬぼ》れにすぎないのではないだろうか。

こうしてみると、教義として比較してみればユニテリアン派の体系も二元論的な体系も、どちらも人間の理性による思索の能力をまったく超えてしまっているのである。だからこのような理性についての理念を使用するのは、実践的な［道徳的な］判断だけに限定するようにしなければならない。われわれには、来るべき世界における自分の運命を予測できる能力としては、良心の判断しかないからである。

これまでの生涯を導いてきた原則が（それが善き原則であるか悪しき原則であるかを問わず）、死後もなおわれわれを導くのであり、それが将来において変化すると想定するいかなる理由もないのだとすると、それがどのような原則であるかは、われわれが知るかぎりの現在の道徳的な状態から判断するしかないのである。この善の原則または悪の原則の支配のもとで、われわれがみずからの善行や罪にふさわしい報いを永遠に与えられることになろう。こう考えると、われわれがこの世の生を終える際の道徳的な状態と、そこから生まれる報いが、来世においても変わらないかのようにふるまうのが賢明なようである。だから実践的な［道徳的な］観点から採用すべきなのは、二元論的な体系だということになる。どちらの体系も、理論的にも思弁的にも、優劣は問えないとしても、ユニテリアン派の体系は、［どちらにしても救いは決まっているのだという］安心感に誘いこむ傾向があるように思えるからである。

◇恐るべき世界の終焉

しかし人間がそもそも世界が終焉することを予期するのはなぜだろうか。そして世界が終焉すると考えるとき、多くの人が恐怖とともに終焉を待ち構えるのはなぜだろうか。最初の問いの答えは、次のようなものだろう。世界が存続することに価値があるのは、理性的な存在者がこの世界で、その存在にふさわしい究極の目的を実現するからだと理性は告げるのだが、この目的が実現されないとすると、こうした存在者が創造された目的がなくなることになる。これではこの世界は、結末というものがなく、理性的な意図すら認識できない演劇のようなものではないか。

さて第二の問いの答えは、人類の堕落はすさまじいものであり、もはや希望をもてなくなっているという考えに基づくものである。* このような堕落した人類を終わらせること、そして恐るべき終わりを与えることは、（大部分の人の意見では）、最高の叡智と正義にかなった唯一の措置であるというのである。だからこそ末日の前兆はすべて恐ろしいものとされているのである。

巨大な期待に刺激された構想力は、どこにでも兆しや奇蹟をみいだすものだ。そして不正が蔓延し、富める者が贅沢をほしいままにし、貧しい者を抑圧し、いたるところで誠実さと信仰が失われているのは、こうした末日の前兆にほかならないと主張する人々もいる。地上のすべての場所で血なまぐさい戦争が勃発しているのがその前兆だという人もいる。要するに、かつて例のないほどの道徳的な堕落、さまざまな悪徳の急増、そしてそれにともなうあらゆる種類の悪などがその前兆だというのである。一方では、地震、嵐、洪水、彗星や流星の出現などの自然の異常な出来事こそが、末日の前兆だと主張する人々もいる。

原注［*］

いつの時代にもあやしげな賢者や哲学者が登場して、人間の本性には善に向かう素質があることを無視して、吐き気を催させるほどの忌まわしい比喩を駆使して、人類の棲家《すみか》であるこの地上の世界を、軽蔑をもって描きだすものである。

一）宿屋として（隊商《キャラバン》の宿として）。イスラームの修道士たちは世界をこのように描きだす。人生という旅においてこの宿に宿泊する者は、次に訪れる者たちからすぐに追いだされる準備をしておけというのである。

二）牢獄として。バラモン教とチベットの宗教、東洋の賢者たち、そしてプラトンまでもがこのような見解を抱いていた。天空から落下してきた霊が、いまでは人間や動物の魂として、懲戒と浄化をうけている場所とみるのである。

三）狂者の宿として。ここではだれもがみずからの意図を破綻させるだけでなく、たがいに考えられるかぎりの心痛を与えあうのであり、しかも巧みにそうする力があることを、最大の名誉とみなしているのである。

四）溝《どぶ》として。ここには他の世界からすべての汚物が持ち込まれるのである。この比喩はかなり独創的であり、あるペルシアの才人が考えだしたものである。それによると、人間の最初の夫婦が滞在した天国は、地上ではなく天空にあった。この〈園〉には、多数の果樹がはえていて、すばらしい果実をたわわに実らせていた。果実を味わうと、食べ滓《かす》はすぐに消滅してしまうのだった。ただし園の中央にある一本の樹だけは例外であり、魅惑的な果実を実らせているが、これは食べても食べ滓は消滅しないのだった。人間の最初の祖先であるこの夫婦は、禁止されていたにもかかわらず、この果実をどうしても食べたくなった。［この果実は食べ滓が消滅しないので］、天国を汚さないために、天使は［果実を食べてしまった］夫婦に、遠く離れた地上を指差し、次のように忠告するしかなかったのである。「あれが宇宙の厠《かわや》だ」と。そして排泄させるために天使は夫婦をそこにつれてゆき、二人を残して天国に飛び去った。こうして地上に人類が誕生したのである。

実際に人間たちは、生きることの重荷を感じており、それには理由がないわけではない（もっともその重荷の原因は人間自身にあるのだが）。この重荷が生まれた理由としては、次のような事情があるようだ。自然ななりゆきとして、人類の進歩において、才能、熟練、趣味、そしてその結果として奢侈《しゃし》は、道徳の発達よりも早く発展する。この〈ずれ〉は、人間の身体には快適なものであるが、道徳にとってはきわめて大きな重荷となり、危険な状態をもたらす。欲望を満たす手段よりも、欲望の力がはるかに大きいからだ。こうして人間の道徳的な素質は、ホラティウスが「よろめき歩きの罰」と述べたように[6]、欲望のあとを、よろめきながら追うのである。欲望はせっかちに進むために、足がもつれて躓《つまず》くので、道徳はやがて欲望に追いつくだろう（これは賢明な世界の支配者の配剤として期待してよいことだ）。

こうして人類は、現代の道徳がそれまでのどの時代の道徳よりも優れていることを経験によって認識するにつれて、末日がコラたちのように地獄ゆきによって始まるのではなく、エリヤの昇天をもって始まり[7]、その後に地上における万物の終焉が起こるという期待を抱くことができるようになるだろう。しかしこのような道徳への信仰は主観的なものにすぎず、人々を回心させるためには、万物が終焉する前に起こると信じられている恐怖の出来事ほどには大きな影響力を発揮することはないようである。

◆補足

◇終焉という理念の役割

ここでわれわれが検討しているのは（というか戯れているのは）、理性がみずから作りだした理念[8]にすぎないのである。こうした理念の対象は（理念が対象をもつときには）、人間の視界をはるかに超えたところにあり、見ることはできないものである。この理念の対象は、思弁的な認識を超えたものであるが、すべての意味で空虚なものと考えてはならない。実践的な観点からみると、道徳的な法則を定める理性そのものが、この理念を人間に与えるのである。しかしこの理念は、その対象がどのようなものであるかとか、その性質がいかなるものかとか思案するためではなく、万物の究極の目的を実現する道徳的な原則について考えるために、われわれに与えられているのである。

理念はそのことによって客観的な現実性を獲得するのであり、それでなければまったく空虚なものとなるだろう。だからわれわれの前にはいまや、自由な場が開かれているのであり、この場において人間の理性の産物である万物の終焉という一般的な概念について、人間の認識能力との関係において区分し、この概念のもとにあるものを分類することができるのである。

◇万物の終焉の三つの概念

人間の認識能力との関係において、万物の終焉という概念は三つに分類することができよう。

一　自然的な*万物の終焉。これは神的な叡智の道徳的な目的にかかわるものである。この道徳的な目的は、おそらく人間が（実践的な観点から）理解することができるものである。

二　神秘的な、すなわち超自然的な万物の終焉。これは終焉させる原因にかかわるものである。人間はこの終焉の原因については、まったく理解することができないのである。

三　反自然的な、すなわち倒錯した万物の終焉。これは人間が最終目的を誤解したために起こる万物の終焉である。

万物の終焉の三つの概念のうち、最初のものについてこれまで考察してきたので、以下では残りの二つについて考察してみよう。

原注［*］

自然的なものとは形式的《フォールマーリテール》にみて、一定の秩序の法則のもとで必然的に起こるものを指すのであり、それがどのような秩序であるか［という内容について］は問わない。物理的な秩序だけでなく、道徳的な秩序であってもよいのである。これと対立するのが非自然的なものであり、これは超自然的なものと反自然的なものに分類することができる。自然の原因から必然的に生じたものは、物質的－自然的（物理的－必然的）なものと考えることができる。

＊

◇反自然的な概念

「ヨハネの黙示録」では、「あの天使が、右手を天に上げ、世々限りなく生きておられる方にかけて誓った。すなわち、天とその中にあるもの……を創造された方にかけてこう誓った。〈もはや時がない。〉」（一〇章五節～六節）と語られている。

もしも天使が「七つの雷がそれぞれの声で語った」（一〇章三節）というような無意味なことを行ったのでないとすれば、これからはもはや変化というものがなくなることを言おうとしたに違いない。世界のうちにまだ変化があるかぎり、時間もまだあるからだ。変化は時間においてのみ起こりうるのであり、時間を前提としないかぎり、考えることもできないからだ。

ところが黙示録では、万物の終焉は感覚的な対象として描かれているが、われわれにはこのような意味での終焉については、いかなる概念も考えることができない。われわれが感性で認識できる世界から叡智だけで認識できる世界に歩みを進めようとしたならば、矛盾に陥るのは避けられないことだからだ。黙示録では、感性で認識できる世界の終焉するところで叡智だけで認識できる世界が始まるとしており、どちらの世界も同じ時間の系列のうちに置かれているのであり、これは矛盾したことなのだ。

ところでわれわれは、ある時間の長さについて、それを無限なものとして、すなわち永遠につづくものとして感じることもある。それはこの時間の長さについてある特定の概念をもつからではない。というのは、その長さの尺度としての時間というものがまったく欠けているからだ。そうではなく、時間がなければ終わりもないのだから、この概念は永遠の長さについての消極的な概念として考えるべきなのだ。だからこの概念はわれわれの認識を一歩たりとも広げるものではない。ただ理性は、究極の目的に向かうという（実践的な）観点からは、たえず変化する過程のうちにあることでは満足できないことを言おうとするにすぎないのである。それに宇宙が動きをとめて、変化が起きない状態になったときの原理を理性が考察してみようとしても、その理論的な使用においてはまったく無力であり、思考がまったく停止した状態に落ち込むだろう。

だから理性にとって可能なただ一つの方法は、時間において無限に進む変化は、最終目的の実現に向けて絶えず進歩している状態だと考えることである。そして人間の道徳的な心情は、時間のうちで発生する現象のようなものではなく、時間とともに変化することのない超感性的なものであるために、そのままで維持され、あくまでも同じであろうとすると考えるしかない。

この理念にしたがって、理性を実践的に使用するための規則は次のように表現されるだろう。われわれの道徳的な状態は、善なるものをさらに善なるものに変えてゆく無限の進歩のうちにあるものの、心情としてはわれわれは自分の道徳的な状態はいかなる時間の変化にも支配されるものではないものと理解すべきだということである(道徳的な存在としての人間の「行状は天にある」[9])。

ところで、すべての変化が停止し、それとともに時間そのものが停止するような時が訪れると考えるのは、想像力にとっても困難な営みである。そのような時になったならば、すべての自然がもはや動かず、石のようになるのである。人間の最後の思考と感情が、思考する主体のうちにとどまり、変化することなく、そのままの状態を維持することになる。みずからの存在と、その持続としての大きさを時間のうちで意識することしかできない存在者にとっては、このような生は（それがたとえ彼岸での生と呼ばれるとしても）、無にひとしいものだろう。

このような時間的な存在者にとっては、そういう状態のもとにあると考えるためには、そもそも何かを思考しなければならないのだが、思考とはただ時間のうちでしか起こらない反省を含むものなのだ。すると彼岸に住む人々は、天国に住むか地獄に住むかの違いによって、つねにハレルヤを歌っているか、それともつねに嘆きの歌を歌っているかのように思い描かれるのである[10]。だから彼岸の住民の状態には、変化というものがまったくないと考えるべきなのである。

この理念は、人間の想像力をこれほどに超えるものではあるが、それでも実践的な関係においては理性に近しいものである。人間の道徳的・自然的な状態を、この現世における最善の状態において想定してみよう。すると人間は、みずからの目標として定められた最高善に向かってたえざる進歩をつづけ、この目標に向かって近づいているはずである。そして人間が自分の道徳的な心情は変わることがないことを意識していたとしても、自分の状態が、道徳的にも自然的にも永遠に変化をつづけるということには満足することができない。人間がいま置かれている状態は、これから歩もうとする来世の状態と比較すると、つねに悪にすぎないからである。

そして究極の目的に向かって無限に進歩するという考えは、まだ無限の悪がつづくことを人間に思い知らせるものである。こうした悪は、より大なる善によって克服されるはずではあるが、そのことで満足感が生まれることはないのである。満足を感じることができるのは、究極の目的がついに実現されたときだけだからである。

◇神秘的な終焉の概念

こうして瞑想的な人間は神秘主義に陥るのである（理性は内在的な使用、すなわち実践的な使用に満足せずに、超越的な使用に走りたがる。それが理性の秘密である）。この場合には理性は、みずからの本性についても、みずからが意図することについても理解することがないので、感性的な世界に住みながら叡智の世界にも属する人間は、この世界にとどまるべきであるにもかかわらず、その限界を超えて妄想するのである。虚無を最高善とみなす老子の奇怪な体系はこうして生まれたのである。虚無とは、主観が神性の深淵に呑みこまれ、人格を滅却することによって、この深淵において神性とひとつになったと感じる意識である。

このような状態に入ろうとして、中国の哲人たちは暗い部屋に閉じこもり、眼を閉じて、その虚無なるものを思考し、感得しようとするのである。ここから汎神論（チベットやその他の民族の汎神論）と、汎神論を形而上学的に崇高なものとすることによって形成されたスピノザの哲学が生まれたのである。

どちらの理論も、人間の霊魂は神性から生まれたものであり、最終的には神性のうちに吸収されるという古代から伝えられた流出論に近いものである。このような思想は、人間が最後に訪れる永遠の静寂を享受できるようになることを目指したものであり、これが彼らの考える万物の聖なる終焉なのである。これは同時に、知性が消滅し、すべての思考そのものも終焉するという概念である。

＊

◇人間の愚かしさ

人間の手によってもたらされる万物の終焉は、その目的が善きものであっても、愚かしいものである。というのは、人間が目的を実現するために利用する手段が、その目的に反しているからである。智恵とは、万物の究極の目的である最高善に完全にふさわしい方策に適した形で、実践的な理性を働かせる能力であり、これは神にしかそなわっていないものなのである。だから人間の智恵《ヴァイスハイト》と呼べるものは、せいぜい理念にあからさまに反するふるまいだけは避けることにすぎない。そして人間が愚かしさに陥らないようにふるまうことは至難の業であり、人間はさまざまな計画を試みつつ、しかも計画を頻繁に変更することで、どうにかこれを避けることを期待できるだけである。これは「最善の人間でも、手にしてみたいと思いながらただ追いかけることができるだけの至宝」のようなものである[11]。

そして人はこれを手にすることができるかのごとく勝手に信じこんで近寄ろうとしたり、それを手にしたかのようにふるまったりしてはならない。ひとつの国民全体の宗教を純化し、同時に力強いものにするための巧みな方法が試みられ、ときに修正されることがあるが、こうした方法がしばしば矛盾したものとなるのも、こうした愚かしさのためである。だから「哀れな死すべき者たちよ、お前たちには変わらぬものなどない。変わらぬのは、たえず変わりつづけていることだけだ」と嘆きたくなるのも、もっともなことなのだ(12)。

◇摂理

もしもこの試みがついに成功して、公共体が伝統的な敬虔《けいけん》な教えだけでなく、こうした教えによって啓発された実践的な理性の声に聴きしたがう能力があり、聴きしたがうようになったとしよう（実践理性は宗教にとっては絶対に必要なものなのだ）。そして国民のうちでも賢い人々が、聖職者として仲間うちで取り決めた事柄だけでなく、市民の一人として、その目的が真理をめざすものであることを疑問の余地なく証明できる計画を作りあげ、そして国民の大多数もこれに同意できるようになったとしよう。国民一般が、ごく微細な細部についての意見の対立はあっても、自分たちの道徳的な素質を陶冶《とうや》することが必要であることを、聖職者の権威によらずにみずから認識し、こうした計画に関心をもつようになったとしよう。その場合には、この計画を実行して、進展させることよりも望ましいものはないように思える。すくなくともこの計画の追求する理念としては、まともなものだからだ。

しかし最善で究極の目的の実現のために選択された手段が成功するかどうかは、摂理に委ねるのがよいのである。これが成功するかどうかは、自然の成り行きにしたがうものであり、あくまでも不確実なものだからだ。あらゆる人間的な智恵にしたがって採用された手段を尽くしても確実に成功することが予測できない場合には（人間的な智恵とは、その名に値するかぎり、道徳的なものに向かわねばならないのである）、究極の目的の実現を諦めてしまわないかぎり、どんな不信心な人でも実践的な形で、神の智恵が自然の成り行きに力を合わせてくれると信じるしかないのである。

あるいはこうした反論があるかもしれない——現在の計画こそが最善であり、この計画はいつまでも不変なものでなければならないし、現在の状態が永遠のものであるとよく言われるではないかと。「（この概念にしたがって）善であるものはつねに善であり、（この概念に反して）悪であるものはつねに悪である」[13]。これによると、すでに永遠と万物の終焉が始まっているかのようである。それにもかかわらず、つねに新しい計画が立てられてきた（新しい計画は古い計画の焼き直しにすぎなかったとしても）。

そしてこれからもさらに最新の計画というものが登場するに違いない。

わたしはここで新しい適切な試みを展開する能力はないし、もちろん大きな発明をする力などはもちあわせていないので、ただ次のことを勧めておきたい。あるひとつの世代が直面している状態が、その世代にとってうけいれられるほどに善いものであるならば、その状態をそのままにしておくべきなのである。偉大な精神の持ち主や、何か新しいことを実現しようとする精神の持ち主なら、このようなことは言わないだろう。しかしわたしとしては、こうした精神の持ち主に、何をすべきかではなく、何に抵触しないように注意すべきかを、わずかながらでも指摘しておきたいと思う。このような注意を欠くと、それが最善の意図であれ、こうした人々は自分の意図に反してふるまうことになってしまうからだ。

◇キリスト教の愛

キリスト教の定めた掟《おきて》は、その聖性によって、わたしたちに争うことのできない尊敬の思いをかきたてるものであるが、キリスト教にはこれとは別に、愛すべきものがある。わたしが言いたいのは、人類のために偉大な犠牲を払ったイエスという人格の愛すべきところについてではない。事柄そのもの、すなわちキリスト教が作りだした道徳的な体制そのものである。人格の愛すべき性質は、この道徳的な体制からしか生まれないものなのだ。この尊敬の念が最初のものであるのは間違いのないところだ。尊敬の念なしでは、真の愛は生まれないが、愛なしでもある人に尊敬の念を抱くことはあるからだ。

しかしたんに義務について考えるだけでなく、義務にしたがって行動することが問題になる場合には、すなわちたんに人は何をなすべきかという客観的な行動の根拠だけではなく、行動の主観的な根拠を問う場合には（この主観的な根拠とは、人間は何をするだろうかを予測させる根拠である）、愛こそが、他者の意志をみずからの道徳的な掟のうちに自由にうけいれさせる力をもつものである。人間性の不完全さを補うものとして愛が不可欠になるのだ。ところが理性が道徳的な法則によって命じるものは、自由なものとしてではなく必然的なものとして人間性に強制されねばならないのである。人間はみずから望むものでないと、あまりやりたがらないものであり、実行するとしても、それを義務が命じたものだという理屈にしたがってするにすぎない。だから愛が伴わない場合には、義務の命令も大きな原動力とはならないものなのである。

◇愛と権威の矛盾

ところがキリスト教のためを思って、キリスト教にある権威を加えようとしたとする。するとその意図は善く、その目的も実際にきわめて善いものだとしても、キリスト教に権威が加えられることによって（たとえそれが神の権威であっても）、愛すべきものという性質が失われるのである。[14] ある人に、何かをなせと命じるのではなく、喜んでなせと命令するのは、そもそも矛盾したことなのだ。

キリスト教が意図するところは、人々が自分の義務そのものを遵守するというつとめを愛によって促進することであり、この意図を実際に実現しているのである。この宗教の創始者であるイエスは、命令を与える者としての資格によってではなく、人類の友として語るからである。命令を与える者は、彼の意志に服従することを人々に求めるが、人類の友は、人々がおのずと納得した上でみずからの意志にしたがうことを求めるのである。この意志は、人々が自己をしっかりと吟味してみれば、ほんらいは自発的にしたがうはずのものなのである。

◇自由を重視する考え方

だからキリスト教の教説は自由を重視する考え方によって、人々に働きかけようとしているのである。これは卑屈な奴隷根性からも、放埒《ほうらつ》な考え方からも遠く離れたものなのである。この自由を重視する考え方によってキリスト教は、その知性のためにすでに義務のもつ法則の観念によって啓蒙されている人々の信仰を獲得することができるのである。人間は最終目的の選択において、みずからが自由であると感じるならば、立法も愛すべきものとなるのである。

だからイエスみずからが罰を与えると告げていたとしても、この罰という威嚇《いかく》が、イエスの命令に服従させるための原動力となると解釈してはならない。それは少なくとも、キリスト教の本質にそぐわないものなのである。このように解釈しては、キリスト教はもはや愛すべきものではなくなるからである。これは立法者が愛に満ちて、人々の幸福のために示した警告と解釈すべきなのである。法に違反した場合には、害悪が発生するのは不可避なことであるから（「法は聞き分けず、容赦しないもの」[15]リウィウス）、それに注意するようにと警告しているのである。だからその場合には、ここで威嚇しているのは法であり、生きるために自由な意志をもってうけいれた掟を示すキリスト教ではないのである。法とは事物の本性に適う不変の秩序である。人が法を犯した場合に生じる帰結については、創造者の恣意には委ねられていないのである。

◇キリスト教と報い

キリスト教はたしかに報いを約束する（たとえば「喜びなさい。大いに喜びなさい。天には大きな報いがある」[16]）。しかし人間の自由を重視する人ならこの言葉を、報いをいわば報酬として約束して、人間に善き生を送らせるようにたらしこむようなものと解釈してはならない。そのように考えるならば、キリスト教はすぐに愛すべきものではなくなってしまうからである。利己的でない動機からなされた行動に尊敬の念を感じるのは、私心のない動機から行動せよという要求があるからである。そして尊敬の念なしには、真の愛も生まれない。だから善行が天で報われるという約束を、この報いが行動の動機となるという意味で理解してはならないのである。自由を重視する人なら、施しをする人に愛を感じるものだが、この愛は貧窮している人がうけとる財に結びついたものではなく、施しをする人の意志の善良さに結びついたものなのである。だからある人が豊かでないために施しを行えないとしても、あるいは世界全体の善を配慮するなどの別の理由から施しをあえて行わないとしても、それは問題ではないのである。

キリスト教には道徳的な意味での愛すべきものがある。これまで外部から押しつけられた強制のために、キリスト教についての見方がさまざまに変化することはあっても、この愛すべき性格はつねに輝きつづけてきた。この性格がなければキリスト教はきっと嫌悪感を招いたに違いないのである。そして人類がこれまで経験したことのない偉大な啓蒙の時代にあって、この愛すべきものという性格がさらに輝きをましていることは、注目に値することなのである。

◇万物の終焉の到来

もしもキリスト教が愛すべきものではなくなるようなことがあったならば（キリスト教が和らぎのある精神ではなく、命令を下す権威で武装するならば、愛すべきものではなくなるだろう）、道徳的な事柄には中立というものがなく、相反する原理が対立しながら共存することもないのだから、キリスト教に対する嫌悪と反感が人々の心を支配するようになるだろう。そして末日の先駆者とみなされる反キリストが、おそらく恐怖と私利を原理として、たとえ短い間でも支配を開始することになろう。そうなったら、キリスト教は普遍的な世界宗教であるべく定められているにもかかわらず、そうなるべき運命に恵まれていないということになる。こうして、道徳的な意味での万物の（倒錯した）終焉が訪れることになるだろう。

訳注

（1）カントはここで括弧に入れて「ドゥーラチオー・ヌーメノン」というラテン語の表記を追加している。カントの認識論では、人間には「物自体」を認識することができず、人間が認識できるのはものの「現象」にすぎないとされている。この物自体の領域を示すためにカントはヌーメノンという概念を使い、現象の領域を示すためにはフェノメノンという概念を使う。だから「ドゥーラチオー・ヌーメノン」は人間が認識することのできない「物自体の持続」という意味である。訳語としては「本体論的な持続」と訳される。

（2）アルブレヒト・フォン・ハラー（一七〇八～七七）は、スイスの生理学者で詩人でもあり、アルプスの美をはじめて描写した詩人である。カントは『天界の一般自然史と理論』では、「星辰こそおそらくは光輝ある魂の座であろう／地上に悪徳の支配するごとく、彼処では徳こそ主」（『天界論』）という詩を引用している（この項目は『カント事典』弘文堂の「ハラー」の項目による）。

（3）ウェルギリウス『アエネーイス』第八巻二六五〜二六八行。この引用の前の部分を引用しておく。「その半獣のおそろしい、眼《まなこ》の様子や顔付きや、その剛毛におおわれた、毛深い胸や、喉元で、消された猛火は見る人を、おびえさせつつ、なお見たい、心を抑えかねさせた」（ウェルギリウス『アエネーイス』下巻、泉井久之助訳、岩波文庫、三〇ページ）。

（4）ユニテリアン派は、父と子と聖霊の三位一体説を批判し、父なる神だけが真の神であるとして、イエスの神性を否定する宗派。古代末期のアリウス派も大きくみればユニテリアン派であるが、厳密には宗教改革以後のプロテスタントの一派を指す。カトリックでは、最後の審判において、救われる者と呪われる者を区別する審判が下されるが、ユニテリアン派を含むユニバーサリスト（万人救済派）は悪人を含めたすべての人が救済されると主張する。カントは「古代から」と言っているので、宗教改革後の反三位一体論者という意味でのユニテリアン派を考える必要はないかもしれない。その場合には、一元論的な体系と二元論的な体系の対立と考えればよいだろう。なお万人の救済を主張するのは、ユニテリアン派というよりも、ユニバーサリストであることについては、『キリスト教神学事典』（教文館）の「万人救済説」の項を参照されたい。

（5）アカデミー版の注によると、ピエール・ソヌラー（一七四五〜一八一四）は、フランスの探検家で、一七七四年から一七八一年にかけて、国王の命令で東インドと中国に旅行した。カントが引用しているのはその旅行記のドイツ語版『ソヌラーの旅行記』（一七八三年）である。ダリウス・コドマヌス、ダリウス三世（紀元前三八〇頃〜三三〇）はアケメネス朝ペルシアの最後の皇帝。エジプトを服属させてペルシア帝国を繁栄させたアルタクセルクセス三世が、宦官のバガオスに殺害されたため、バガオスは、王朝の一族でありアルメニア総督をつとめていたコドマヌスをダリウス三世として即位させた。アレクサンドロス大王のマケドニア軍に敗北した王は、前三三〇年に臣下に殺害され、ペルシア王国は滅びることになる。コドマヌスとゴドマンでは音は同じではないが、カントの勘ちがいらしい。

（6）ホラティウス『歌集』第三巻の二の二三から。

（7）コラは『旧約聖書』でモーセに反逆したために、地面に巨大な穴が開いて吸い込まれる。「地は口を開き、彼らとコラの仲間たち、その持ち物一切を、家もろとも呑み込んだ。

彼らと彼らに属するものはすべて、生きたまま、陰府《よみ》へ落ち、地がそれを覆った」（「民数記」一六章三二節〜三三節）。預言者エリヤの昇天については、「火の戦車が火の馬に引かれて現れ、二人の間を分けた。エリヤは嵐の中を天に上って行った」（「列王記　下」二章一一節）と描かれている。

（8）カントにおいて理念は、プラトンのイデアのように超越的な性格をもつのである。認識の能力である悟性は概念やカテゴリーを使って対象を認識し、判断する。しかし経験的な認識の全体性を目指そうとする理性は、推論の能力であり、人間の認識しえない課題を理念として提示する。ここでは万物の終焉は悟性では判断することができない種類の概念であり、理性が思考すべき課題として提示する理念なのである。

（9）ここでカントはキリスト教の教義と道徳的な掟を巧みに組み合わせている。「道徳的な存在としての人間」と訳したところは、「ホモ・ヌーメノン」というラテン語で書かれている。訳注（1）で説明したように、ヌーメノンとしての人間は、物自体としての人間であり、これは認識する対象ではなく、道徳的なふるまいをする主体としての人間を意味する。人間は物自体を認識することはできないが、道徳的に行動するときには物自体となって、ヌーメノン的な存在となるとカントは考える。「行状は天にある」は『新約聖書』のパウロの言葉「しかし、わたしたちの本国（ポリテウマ）は天にあります。そこから主イエス・キリストが救い主として来られるのを、わたしたちは待っています」（「フィリピの信徒への手紙」三章二〇節）を言い換えたものと考えられる。

（10）ここでカントは「ヨハネの黙示録」一九章一節〜六節と、二〇章一五節の参照を求めている。天国の合唱については、「その後、わたしは、大群衆の大声のようなものが、天でこう言うのを聞いた。〈ハレルヤ。……。〉」（「ヨハネの黙示録」一九章一節）と語られている。地獄のうめきについての記述はないが、「その名が命の書に記されていない者は、火の池に投げ込まれた」（二〇章一五節）をあげておく。

（11）「わたしは、既にそれを得たというわけではなく、既に完全な者となっているわけでもありません。何とかして捕らえようと努めているのです。自分がキリスト・イエスに捕らえられているからです」（「フィリピの信徒への手紙」三章一二節）。

（12）この引用は、カントの『諸学部の争い』の第二部第四節でも引用されている。フランスのイエズス会士のガブリエル・フランソワ・コイエ（一七〇七〜八二）の言葉。

（13）カントはここで「ヨハネの黙示録」二二章一一節の参照を求めているが、正確には、次のようになっている。「不正を行う者には、なお不正を行わせ、汚れた者は、なお汚れるままにしておけ。正しい者には、なお正しいことを行わせ、聖なる者は、なお聖なる者とならせよ」。

（14）この当時、プロイセンではフリードリヒ大王の後継のフリードリヒ・ヴィルヘルム二世のもとで、国家の権威によるキリスト教の支配の強化が進められていた。事実上の首相に就任していたヨーハン・クリストフ・ヴェルナーは、大王の宗教政策について、「啓蒙思想の普及と寛容精神の濫用は、民衆の無信仰と不道徳を招く」と批判していた。さらに一七八八年には法務大臣兼宗教・教育大臣に就任して、宗教勅令を発布する。これは非寛容を推進する勅令だった（飯塚信雄『フリードリヒ大王』中公新書を参照されたい）。カントがここで批判しているのは、プロイセン政府のこうした動きである。政府はカントのこうした批判に腹を立てたのか、この論文の発表の直後にその後の「宗教・神学に関する講述を禁じる」（『カント事典』弘文堂のカント年譜による）。

（15）アカデミー版の注によると、リウィウス『ローマ建国史』第二巻三四からの引用。全体の文は次のようになる。「法は聞き分けず、容赦しないもの。有力者よりも弱者にとって有利で、善きものである」。

（16）「マタイによる福音書」五章一二節。

永遠平和のために——哲学的な草案（一七九五年）

◇留保条項

オランダのある宿屋には、墓地を描いた看板の上に、「永遠の平和のために」という皮肉な銘が書かれていたという[1]。さてこの言葉は、すべての人間にあてはまるものなのか、それとも戦争に飽きることがない国の政治家たちにとくにあてはまるのか、あるいは死という甘い夢をみる哲学者だけにあてはまるのか、それはおいておこう。ただしこの「永遠平和のために」という論考の著者としては、ここでいくつかの留保をあらかじめ読者に求めておきたい。

というのは、実践的な政治家たちは、ひとりよがりの態度で、政治を理論的に考察する著者たちを軽蔑していて、理論家たちをたんなるアカデミズムの世界の住人だとみくだしている。そして国家の問題を考察するには経験が必要だと主張するのである。そうしてみると、アカデミズムの世界に住む学者が、内容のない理念を説いても何ら危険はないはずである。そして学者たちが実現できそうもない理想を述べたとしても、世間のことに通じている政治家たちは何ら懸念をいだく必要はないはずである。

だから政治家は学者と意見が対立したとしても、学者は運を天にまかせて、自分の意見を公表したのであるから、それが国家にとっては危険なものではないという首尾一貫した態度を示すべきだろう。この留保条項《クラウスラ・サルウァトーリア》をもってわたしは、あらゆる悪意のある解釈から最善の形で保護されていることを希望するものである。

第一章　国家間に永遠の平和をもたらすための六項目の予備条項(2)

◇戦争原因の排除

一　将来の戦争の原因を含む平和条約は、そもそも平和条約とみなしてはならない。

その理由は、この条約はたんなる停戦条約にすぎず、敵対的な状態を延長しただけであり、平和をもたらすものではないからである。平和とはすべての敵意をなくすことであるから、永遠のという言葉をつけるのさえ、そもそも余計なことなのである。平和条約というものは、締結の時点では当事者すらまだ意識していない原因を含めて、将来の戦争の原因となりうる要因をすべてまとめて排除するものである。もちろん、保管された公文書をするどい詮索眼で調べてみれば、まだこうした要因が残っていることを発見できる場合もあるだろうが。

ときには平和条約の締結にあたって心的な留保《レセルウァーティオー・メンターリス》が行われることがある。それは双方とも戦争に疲れて、戦いをつづけることができないために、昔からの懸案で、将来の戦争の原因になりそうな事柄は条約では言及するのを避けて、やがて適切な機会を利用して、戦争の口実にしようとするためである。しかしこれはイエズス会の決疑論《カズイスティック》(3)のような詭弁《きべん》的なやりかたであり、事態を正しく判断するならば、統治者の品位を損ねるものである。大臣たちがこのような詭弁的な議論をすることは品位にそぐわないことである。

もっとも、国家を運営するためには策略を講じる賢さが必要だという「開明的な」考え方では、どのような手段を使っても、国家の威力をつねに増大させることが、国家の真の栄誉であるとされているから、わたしのこのような判断はアカデミックで衒学的《ペダンティック》なものと思われるかもしれないが。

◇国家を物件にすることの禁止

二　独立して存続している国は、その大小を問わず、継承、交換、売却、贈与などの方法で、他の国家の所有とされてはならない。

国家とは、その所有している土地とは異なり、財産《パトリモーニウム》ではないからである。国家は人間が集まって結成したものであり、国家それ自体をのぞくだれも、国家に命令したり、これを自由に支配したりすることのできないものである。国家を樹木に譬《たと》えるならば、みずから根をはった幹のようなものであり、これを切りとってほかの幹に接ぎ木するようなことをするならば、その道徳的な人格としての存在を失わせることになり、国家を道徳的な人格ではなく物件にすることである。これは民族にかんするあらゆる法と権利の基礎となる根源的な契約の理念に反することである。*

最近のヨーロッパでの出来事は、国家を「結婚」という手段で併合することができるという先入観がどのような危険をもたらすものであるかを、だれの眼にもはっきりと示したのである。このような考え方は、ヨーロッパ以外ではまったく知られていなかったのである。(4) これは家族的な結びつきによって、力を費やすことなく自己の勢力を増大させようとする新しい産業の方法であり、これが領土の拡張の方法として採用されたのである。また共通の敵でない国と戦争をするために、自国の軍隊を他国に貸すという方法も同じやりかたである。その場合にはその国の臣民が、他者の自由に処理できる物件として扱われ、消費されることになるのである。

原注［*］

たしかに被継承国という概念はある。しかしこれはほかの国家がある国家を相続するという概念ではなく、その国家の統治権を別の肉体的な人格が相続するという概念である。その場合には国家は一人の統治者を取得するわけであり、ほかの国家をすでに所有しているある統治者が、別のその国家を取得するわけではない。

◇常備軍の廃止

三　常備軍《ミーレス・ペルペトゥウス》はいずれは全廃すべきである。

常備軍が存在するということは、いつでも戦争を始めることができるように軍備を整えておくことであり、ほかの国をたえず戦争の脅威にさらしておく行為である。また常備軍が存在すると、どの国も自国の軍備を増強し、他国よりも優位に立とうとするために、かぎりのない競争がうまれる。こうした軍拡費用のために、短期の戦争よりも平和時の方が大きな負担を強いられるほどである。そしてこの負担を軽減するために、先制攻撃がしかけられる。こうして、常備軍は戦争の原因となるのである。それだけではない。常備軍の兵士は、人を殺害するため、または人に殺害されるために雇われるのであり、これは他者（国家）が自由に使うことのできる機械や道具として人間を使用するということである。これはわれわれの人格における人間性の権利と一致しないことだろう。もっとも国民が、みずからと祖国を防衛するために、外敵からの攻撃にそなえて、自発的に武器をとって定期的に訓練を行うことは、常備軍とはまったく異なる事柄である。

また財貨を蓄積することも、兵力の増強と同じ効果を発揮することになる。ほかの国からみると財貨の蓄積は戦争の脅威とひとしいものであり、他国は先制攻撃でこれにそなえる必要を感じるのである。というのは、兵力、同盟力、財力の三つの力のうちで、財力はもっとも信頼できる戦争の道具であるに違いないからである。ただし蓄積された財貨の大きさを確認するのが困難なので、他国からの攻撃はどうにか回避されるにすぎない。

◇軍事国債の禁止

四　国家は対外的な紛争を理由に、国債を発行してはならない。

国内の経済的な必要性、たとえば道路の改善、あらたな居住地の開発、凶作の懸念にそなえた備蓄用の倉庫の建設などの目的で、国の内外から支援を求めるために国債を発行するのは、怪しむべきことではない。そもそもこうした信用システムは、一八世紀にある商業国が発明した賢い手段であるが[5]、列強が力を競いあうための道具としてこのシステムを利用した場合には、かぎりなく負債が増大する危険がある。しかもすぐに返済しなくても済む性質のものであるため（すべての債権者が同時に返済を求めることはない）、危険な財力であり、戦争遂行の財源となるのである。

この財源は、他のすべての諸国の財源をあわせた金額を上回ることすらあるが、やがては税収が不足するために枯渇する運命にある（ただし国債の発行が産業と商業に波及効果を与えるために、税収の不足の発生をずっと遅らせることもできる）。国債の発行によって戦争の遂行が容易になる場合には、権力者が戦争を好む傾向とあいまって（これは人間に生まれつきそなわっている特性のように思える）、永遠平和の実現のための大きな障害となるのである。だから国債の発行を禁止することは、永遠平和のための準備条項としてぜひとも必要なことだろう。国債を発行しつづけた国家が破産するのは避けられないことであり、これは国債とはかかわりのない諸国をまきこんで、公的な損害を与えることになるのである。だからほかの諸国は、戦争のために国債を発行しようとする国の利己的な行動に対抗して、同盟を結ぶ権利があるのである。

◇内政干渉の禁止

五　いかなる国も他国の体制や統治に、暴力をもって干渉してはならない。

どのような理由で他国に暴力的な干渉をすることが認められるというのだろうか。他国で暴動が発生したら、自国の臣民にも騒動《スカンダル》が発生するからというのだろうか。しかし暴動を起こした国は、その無法状態のもたらす諸悪の大きさを示すことで、ほかの国に警告を与えたことにならないだろうか。一般に自由な人格が他の人格に悪しき実例を示したとしても、それは悪行への誘い《スカンダルム・アケプトゥム》ではあるが、人格の毀損となるものではない。ところがある国が国内の不統一で二つに分裂して、それぞれが独立の国家と自称して、全体の国家を支配しようとする場合には事情が異なる。この場合には他国が分裂した片方の国に援助をしたとしても、体制を変更するための介入とはみなされないだろう（というのは、その国は無政府状態にあるからだ）。しかし国内の紛争がまだ解決されない状態で他国が介入した場合には、これは国内の問題を解決しようと努力していて、まだ他国に依存していない独立した国民の権利を侵害するものである。これは他国を傷つける蛮行《スカンダル》となり、すべての国家の自律を危うくするものである(6)。

◇卑劣な敵対行為の禁止

六　いかなる国家も他の国との戦争において、将来の和平において相互の信頼を不可能にするような敵対行為をしてはならない。たとえば暗殺者や毒殺者を利用すること、降伏条約を破棄すること、戦争の相手国での暴動を扇動することなどである(7)。

これらの行為は卑劣な戦略である。戦時中にあっても、敵国の思考方法だけは信頼できる必要がある。これなしでは和平を締結することがそもそも不可能になってしまうだろうし、敵対行為は相手の国を絶滅させる戦争《ベルム・インテルネキーヌム》に陥ってしまうだろう。

戦争とは、法に基づいて判決を下すことのできる裁判所のない自然状態において採用される悲しむべき緊急手段であり、暴力によって自分の権利を主張しようとするものである。法がない自然状態では、どちらの側も不法な敵と宣言されることはありえない（そのように宣言するということは、すでに裁判官の判決を前提としているからだ）。どちらが正当であるかは、いわゆる神明裁判のように、戦争の結果そのものが決めるのである。

しかし国家の間には、懲罰戦争《ベルム・ピューニーティウァム》というものは考えられない[8]。国家間では支配者と非支配者という上下の関係がないからである。そこから次のように結論できる。絶滅戦争では、双方が完全に根絶され、それとともにすべての法も滅びるから、永遠平和はただ人類の巨大な墓場でだけ実現することになるだろう。だから絶滅戦争は絶対に許してはならないし、絶滅戦争にいたるような手段の利用も絶対に許してはならないのである。

そして最初にあげたような卑劣な手段が絶滅をもたらすのは次の理由から明らかだろう。これらの忌まわしい技は、それ自体が卑劣なものであり、こうしたものを利用すると、他者の破廉恥さ（これがなくなることはありえない）を利用する「スパイの活用《ウーティ・エクスプローラートーリブス》」のように、戦争の限界だけに収まることがないのである。そしてやがて平和な状態においてもこうした技が使われるようになり、平和の意図が完全に無に帰してしまうのである。

◇予備条項の性格の違い

この章に示した条項は、客観的な条項であり、権力者たちの意図するところでは禁止命令である。そしていくつかの条項は（たとえば一項、五項、六項）、状況にかかわらず適用すべき厳格な性質のものであり（強制法《レゲス・ストリクタエ》）、これらの条項で禁じている行為は即座に廃止すべきものである。またそのほかの条項は（たとえば二項、三項、四項）、法規則の例外としてではなく、法規則の執行という視点から、状況におうじて主観的に、適用を加減することができるものであり、完全な遂行を延期することも許されている（任意法《レゲス・ラタエ》[9]）。

ただしその際に、ほんらいの目的が見失われてはならない。たとえば第二項を適用すると、こうした方法である国家が自由を奪われている場合には、自由を回復させることが求められるが、自由の回復の実行を延期することは許される。しかし延期するといっても、決して訪れることのない日まで、延期することが許されるわけではない

（アウグストゥスは、ギリシアのカレンダエまで[10]延期すると約束するのがつねだった）。それでは実際には回復させないのと同じことになる。そうではなく、自由の回復をあせるあまり、ほんらいの目的が果たせなくなることがないように、回復の遅れを許すということにすぎない。

また禁止されるのは、国家を獲得する方法そのものであり、こうした方法はその後繰り返してはならない。そして所有の状態そのものには禁止は適用されない。このように所有状態には法律上には適切な権原がないが、獲得が行われた時代にあっては（これは誤想獲得と呼ばれる）、当時の世論によって、すべての国から正当なものとみなされていたのである。*

原注［*］

命令する法と禁止する法のほかに、純粋理性の許容法則《レゲス・ペルミッシウェ》というものがありうるかどうかは、これまで疑問とされていたが、それには理由がないわけではない。というのは、法則そのものには、客観的で実践的な意味でつねにそうでなければならないという必然性の根拠を含むものである。ところが許容は実践的な意味では、偶然にそうであるという特定の行為の偶然性の根拠を含むのである。だから許容する法なるものが存在するとなると、だれも強制される必要のないことについて行動するのが必然的とされることになる。すると法則の目的が、偶然性と必然性という二重の関係で同じ内容を意味することになってしまうが、これは矛盾だろう。

ところがここで問題としている件においては、前提とされる禁止にたいする〈許容する法〉は、将来における権利の獲得方法（たとえば相続による獲得）の禁止であり、その禁止からの免除を定める許容は、現在の所有を対象とするのである。この所有は、自然状態から市民状態への移行の途上にあっては、不法なものではあるが、それでもまともな所有と見なされているのであり（誤想所有《ポセッシオ・ピュタティヴァ》(11)）、自然法の許容法則により、所持しつづけることができるのである。

この誤想所有は、それが誤った思い込みによる所有であるという性格が認識されれば、自然状態においても禁止されるのであり、将来の（移行が終わった後の）市民的な状態においても、同様な方法による獲得は禁止されるのである。市民的な状態において所有が誤想獲得であることが明らかになった場合には、その所有をつづける権限は認められないのである。このような所有は、その不法性が発見された場合には、権利の侵害になるものとして、ただちに中止されねばならないのである。

ここではたんに、体系を好む理性がみずから考察する必要のある概念と思われる許容する法について、ついでに触れただけであるが、それは自然法の学者たちに、この概念について注意を促したかったからである。とくに民法では、規約のさだめによって、この許容法則が採用されているからである。ただし禁止する法と許容する法は区別して使われている。民法では禁止する法は、それだけで独立した法とみなされているが、許容する法は控え目な条件のもとで、例外として扱われているのである。

そこで許容については、次のように表現できるだろう。「これらのことは禁止されているが、第一号、第二号、第三号はその限りではない」と。しかしこれでは限りがない。というのは、許容は原則にしたがってではなく、たんに偶然的な形で、発生する事例ごとに手探りで法に追加されるからである。そうでなければこうした条件は禁止する法の定式によって組み込まれていたはずであり、そうなると禁止する法は許容する法になってしまう。

こうしてみると、かの賢明で明晰なヴィンディッシュグレーツ伯爵の提示した有意義な懸賞問題が、未解決のままになっているのは何とも残念なことである[12]。この懸賞問題はまさにこの問題に迫るものだったからだ。このような数学にも似た定式化の可能性こそが、一貫性のある立法の真の試金石となるものであり、これなしにはいわゆる確定法《ユス・ケルトゥム》はいつまでもたんなる願望のままにとどまるだろう。そしてそれでなければ、多くの場合に該当する一般的な法はあっても、つねに該当する普遍的な法はもてないことになるだろう。法という概念からは、普遍的に妥当することこそが必要だと思えるのである。

第二章　国家間における永遠平和のための確定条項

◇自然状態の廃棄

ともに暮らす人間たちのうちで永遠平和は自然状態《スタトゥス・ナーチューラーリス》ではない。自然状態とはむしろ戦争状態なのである。つねに敵対行為が発生しているというわけではないとしても、敵対行為の脅威がつねに存在する状態である。だから平和状態は新たに創出すべきものである。敵対行為が存在していないという事実は、敵対行為がなされないという保証ではない。この保証はある人が隣人にたいして行うものであり、これは法的な状態でなければ起こりえないものである。そしてある人が平和状態の保証を求めたのに、隣人がこの保証を与えない場合には、その隣人を敵として扱うことができるのである。[*]

原注［*］

一般に、他人が自分に能動的に危害を加えたのでないかぎり、相手を敵とみなしてはならないと考えられている。これは両者が市民的・法的な状態にある場合には、まったく正しいことである。そして人は市民的・法的な状態に入ることで、相手に必要な保証を与えることができるのである（両者にたいして暴力を行使することのできる上位の権力を通じてである）。しかし剝《む》き出しの自然状態にある個人あるいは民族は、〈わたし〉からこの保証を奪ってしまうのであり、たんに隣にいるという状態だけによって、すでに〈わたし〉に危害を加えているのである。

ただしそれは能動的な行為《ファクト》によってではなく、無法な状態《スタトゥ・イニュスト》にあることによってである。隣人はこの無法性によってたえず〈わたし〉を脅かすのであり、〈わたし〉は隣人に、〈わたし〉とともに共同体的・法律的な状態に歩み入るか、それとも隣人であることをやめて立ち去るかのいずれかの決断を迫ることができる。だからこの章のすべての条項は、ある要請を前提としているのである――たがいに交渉する可能性のあるすべての人々は、何らかの市民的な体制のもとに所属する必要があるということである。

しかしすべての合法的な体制は、その体制に所属する人格については、次のいずれかに分類できる。

㈠ある民族に属する人間の国民法による体制（市民法《ユス・キーウィターティス》）
㈡たがいに関係をもつ国家の間の国際法による体制（万民法《ユス・ゲンティウム》）
㈢人間と国家が外的にたがいにつきあう関係にありながら、一つの普遍的な人類国家の市民としてみなすことができる場合には、世界市民法による体制（世界市民法《ユス・コスモポリティクム》）

この分類は恣意的なものではなく、永遠平和の理念とは必然的な関係にある。というのは、これらの体制のただ一人でも、他者に身体的な影響を与えるような関係のもとにあり、しかも自然状態にあるならば、ただちに戦争状態になりかねないからだ。この論文の意図するところは、どうすればこの戦争状態をなくせるかを検討することにある。

◆永遠平和のための第一確定条項

どの国の市民的な体制も、共和的なものであること(13)

◇共和的な体制の条件

　共和的な体制を構成する条件が三つある。第一は、各人が社会の成員として、自由であるという原理が守られること、第二は、社会のすべての成員が臣民として、唯一で共同の法に従属するという原則が守られること、第三は、社会のすべての成員が国家の市民として、平等であるという法則が守られることである*。この共和的な体制こそが、原初の契約の理念から生まれたものであり、民族のすべての正当な立法の基礎となるものである。だから共和的な体制は、あらゆる種類の市民的な体制の根源的な土台となるものである。そこで問題なのは、この体制が永遠平和へと導くことができる唯一の体制がどうかということである。

原注［*］

　自由というと、「他者に不正を加えなければ、好きなことをしてもよい」という各人の〈権限〉という観点から定義されることが多いが、法的な（そして外的な）自由はこの観点からは定義することができない。そもそも〈権限〉とはどういうことかというと、他者に不正を加えずに行動する可能性のことである。だからこれを言い直してみれば「自由とは、他者に不正を加えずに行動する可能性である」ということだ。すなわち「他者に不正を加えなければ、それは不正を行わない（好きなことをすることができる）ことだ」ということになる。しかしこれは空虚な同語反復《トートロジー》というものではないだろうか。

わたしの外的な（法的な）自由とは、このような方法ではなく、次のようにして説明できるのである——わたしがあらかじめみずから同意しておいた法則だけにしたがい、それ以外にはいかなる外的な法則にもしたがわない権限があるときに、わたしは外的に自由なのである。国家における国民の外的な（法的な）平等も同じように説明できる。国民が、同じ法に平等にしたがい、同じように拘束される可能性があるのでなければ、いかなる他者も法的に拘束できないときに、国民は平等なのである（国民が法に依存するという原則については説明は不要だろう。これは国家体制の概念にすでに含まれるものだからだ）。こうした権利は人々に生得的に認められたものであり、必然的で譲渡しえない性質のものである。

これらの権利が妥当するかどうかを確認し、検証する方法がある。人間は、より高次な存在者（そのようなものが考えられるとして）にたいしても、法的な関係に立っているという原則をあてはめてみればよいのだ。人間はこの原則に基づいて、みずからを感性的な世界を超えた国家の市民とみなすことができるのである。というのはわたしは自由であるかぎりは、たんなる理性によって認識することのできる神的な法でも、わたしが同意を与えることができなければ、それに拘束されないからである。わたしが神の意志という概念をいだくことができるのは、みずからの理性の自由の原則にしたがう場合だけだからだ。

わたしは神のほかにも崇高な世界の存在者を思い描くことができる。たとえば偉大なアイオーンのような存在者だ(14)。こうした存在者にも平等の原則が適用される。だからアイオーンがその持ち場でみずからの義務をはたし、わたしも自分の持ち場でみずからの義務をはたすならば、わたしがアイオーンに服従する義務だけがあるとか、アイオーンがわたしに命令する権利があると考える理由はないのである。この平等の原理は、自由の原理とは異なり、神との関係には適用されない。それは神という存在者には、義務の概念が適用されないからである。

ところですべての世界市民の臣民としての平等な権利については、世襲貴族を認めることができるかという問いに答える必要がある。これは「国家がある臣民に他の臣民よりも高い地位を認める場合に、功績によって人に地位が与えられるのか、それとも地位があるから功績が生まれるのか」という問いに言い換えることができる。

ところが生まれによって高い地位が認められるとすると、地位をえた人がその功績にふさわしく行動するかどうか、すなわち地位に定められた職務を巧みにこなし、職務に忠実であるかどうかは、不確かなものとなってしまうのは明らかだ。そうなると、生まれによって優遇された人は、いかなる功績もなしに他者に命令するという地位を与えられることになる。しかしこれは、あらゆる権利の原理である根源的な契約のもとにある民族の普遍的な意志によっては、容認することのできないものだろう。貴族は生まれによって高貴な人間となるわけではないからだ。生まれによる貴族ではなく、高官の地位についた人を職務貴族と呼ぶことがあるが、これは功績によって獲得しなければならないものである。この地位は所有権として人物に所属するものではなく、職務としての地位に所属するものであり、国民の平等を損ねることはない。この職務を離れると、同時にこの職務貴族という地位も失って、国民の一人に戻るからである。

◇共和制と戦争

ところで共和的な体制は、法概念の純粋な源泉から生まれたものであり、その起源は純粋なものである。しかしそれだけではなく、永遠平和という望ましい成果を実現する可能性をそなえた体制でもある。この体制では戦争をする場合には、「戦争するかどうか」について、国民の同意をえる必要がある。共和的な体制で、それ以外の方法で戦争を始めることはありえないのである。そして国民は戦争を始めた場合にみずからにふりかかってくる恐れのあるすべての事柄について、決断しなければならなくなる。みずから兵士として戦わなければならないし、戦争の経費を自分の資産から支払わねばならないし、戦争が残す惨禍をつぐなわねばならない。さらにこれらの諸悪に加えて、たえず次の戦争が控えているために、完済することのできない借金の重荷を背負わねばならず、そのために平和の時期すらも耐えがたいものになる。だから国民は、このような割に合わない〈ばくち〉を始めることに慎重になるのは、ごく当然のことである。

ところが臣民が国家の市民ではない体制、すなわち共和国的ではない体制では、戦争は世界の日常茶飯事の一つとなる。それは国家の元首が国家の一員であるのではなく、国家の所有者だからである。戦争を始めたところで、元首は食卓での楽しみも、狩猟のような娯楽も、離宮の建造や宮廷の祝典のようなぜいたくも、戦争のためにごくわずかでも損ねられることはないのである。だから元首は戦争を一種の娯楽のように考え、それほど重要ではない原因で開戦を決意するのである。そして体裁をつくろうために、いつでも待機している外交使節たちに戦争を正当化させるのである。

◇三つの体制

共和的な体制は、民主的な体制と混同されることが多いが、この二つを区別するには次の点に配慮する必要がある。国家《キウィタス》の形式を区別するには二つの方法がある。国家の最高権力を握っている人格の数の違いで区別するか、それとも元首の数を問わず、元首が民族をどのような統治方法で支配するかによって区別するかである。

第一の区別のしかたは、支配の形式と呼ばれ、ただ三つの可能性がある。支配する権力を握るのが、ただ一人であるか、たがいに手を握った数人であるか、市民社会を構成するすべての人であるかである。この三つの体制は、君主制、貴族制、民主制と呼ぶことも、君主支配、貴族支配、民衆支配と呼ぶこともできる。

第二の区別のしかたは、統治の形式と呼ばれ、憲法に基づいて国家がその絶対的な権力を行使する方法によって区別するのである[15]。ここで憲法とは、群衆にすぎない人々の集まりから一つの国民を作りだす普遍的な意志の働きのことである。これによる区別には、二種類だけがある。共和的であるか、専制的であるかのどちらかである。共和政体とは、行政権（統治権）が立法権と分離されている国家原理であり、専制政体とは、国家がみずから定めた法律を独断で執行する国家原理である。だから専制政体における公的な意志とは、統治者が公的な意志を私的な意志として行使することを指すのである。

三つの国家体制のうちで、民主制は語のほんらいの意味で必然的に専制的な政体である。というのは民主制の執行権のもとでは、すべての人がある一人について、場合によってはその一人の同意なしで、すなわち全員の一致という名目のもとで決議することができるのであり、これは普遍的な意志そのものと矛盾し、自由と矛盾するからである。

だから代議的でないすべての統治形式は、ほんらいまともでない形式である。というのは立法者が同じ人格において、同時にその意志の執行者となりうるからである。ところがこのことは、理性の推論において、普遍的な大前提が同時に特殊な小前提をみずからのうちに含むのと同じように、矛盾したことなのである。

ところでほかの二つの国家体制も、民主制と同じような統治形式になる可能性を残しているかぎりでは、欠陥のあるものではあるが、それでも代議的なシステムの精神にかなった統治方式に近づくことはできる。たとえばフリードリヒ二世は少なくとも次のように語ったことがある――「朕《ちん》は国家の最高の従僕にすぎない」と*。これに対して、民主的な体制では、すべての人がみずからの意志の主人であろうとするために、このようなことは不可能なのである。

だから国家権力にかかわる人格の数、すなわち支配者の数が少なければ少ないほど、そして支配者が代表する国民の数が多ければ多いほど、国家体制はそれだけ共和的な体制の可能性に近づくのであり、漸進的な改革をつうじて、いずれは共和的な体制にまで高まることが期待できるのである。このためこの唯一法的に完全な体制に到達する可能性がもっとも高いのは君主制であり、貴族制では実現が困難になり、民主制では、暴力による革命なしでは、実現不可能なのである。

原注［*］

国の支配者には、神の膏《あぶら》を塗られた者とか、地上における神の意志の代行者あるいは代表者という尊称が奉られることが多く、これは眩暈《めまい》をさせられるほどの阿諛《あゆ》と非難されるのが通例だったが、それは理由のない非難だと思われる。そのような尊称のために国の支配者が高慢になるのではないかというのは勘違いであり、支配者はこの尊称を考えると謙虚になるはずである。支配者に知性があれば（そのことは前提とせざるをえまい）、これは一人の人間にとっては重すぎる職務であり、そのことに畏怖《いふ》を抱くはずである。この職務は、神が地上において与えたもっとも聖なるもの、すなわち人間の法を管理するものであり、神の愛するこの聖なるものを傷つけてしまうのではないかと、つねに恐れていなければならないのである。

しかし国民にとっては、統治方式の違い*のほうが、国家形態の違いよりも比較にならないほど重要な意味をもつのである（もっとも共和体制を実現するためにはどの統治形式が適しているかを決めるという目的では、国家形態の違いも重要となる）。ところで法の概念に適った統治形式は、代議制だけである。共和的な統治形式が機能するのは、代議制においてだけであり、代議制なしではその国家体制がどのようなものでも、専制的で暴力的なものとなるのである。古代の共和国はこのことを知らなかったので、つねに悪しき専制へと堕落せざるをえなかったのである。専制政治のうちでは、ただ一人の元首のもとでの専制が、もっとも耐えやすいものだからである。

原注［*］

マレ・デュ・パンの語った次の誇らしげな言葉は、(16)天才的に聞こえはするが、じつは空虚で無内容なものである。彼は長年の経験によって、ポープの格言、すなわち「最善の統治とは何かを議論するのは愚者に任せておけ。もっとも善く執行された統治こそが最善の統治である」という格言が真理であることを確信するにいたったというのである。この格言の意味が、もっとも善く執行された統治は、もっとも善く執行されたものであるという意味であれば、スウィフトの表現にならって「クルミをかじって割ってみたら、中には虫しかいなかった」と言うだけのことである。(17)

ただしその意味が、もっとも善く執行された統治が、もっとも善き統治であるということであれば、それはまったくの誤謬である。善き統治の手本を示したところで、その統治方法の善悪については何も証明しないのである。たとえばローマ帝国の皇帝ティトゥスやマルクス・アウレリウスは善き統治の手本を示した。しかしティトゥスは後継者にドミティアヌスを、マルクス・アウレリウスは後継者にコモンドゥスを選んだのである。善き国家体制のもとでは、このようなことはありえなかったはずである。この二人の後継者が皇帝として不適格なのは周知のことだったし、皇帝たちは二人を後継者として指名しないだけの権力を所有していたのである。

◆第二確定条項
国際法は、自由な国家の連合に基礎をおくべきこと

◇自然状態にある国家

国家としてまとまっている民族は、複数の人々のうちの一人の個人のようなものと考えることができる。民族は自然状態においては、すなわち外的な法にしたがっていない状態では、たがいに隣あって存在するだけでも、ほかの民族に害を加えるのである。だからどの民族も、みずからの安全のために、個人が国家において市民的な体制を構築したのと同じような体制を構築し、そこでみずからの権利が守られるようにすることを、ほかの民族に要求することができるし、要求すべきなのである。

ただしこれは国際的な連合であるべきであり、国際的に統一された国際的な国家《フェルカーシュタート》で

あってはならない。このような国際的な国家は一つの矛盾であろう。どの国家も上位の者すなわち立法者と、下位の者すなわち服従すべき大衆で構成されているものである。もしも多数の民族が一つの国家に統合されるならば、多数の民族が一つの民族になってしまうことになるが、それではこの考察の前提に反することになろう。というのはここでわれわれが考察しているのは、諸民族がそれぞれ異なった国家を構成しながらも、単一の国家にまとまっていない状態において、いかにして諸民族を支配すべき法が定められるかということだからである。

そのことは人間の原初的な状態を考えてみればわかるだろう。原初的な状態にとどまろうとする人々は、法のない自由にこだわり、みずから法を定めてその法の強制にしたがうよりも、むしろ殴り合いで解決することを好み、理性的な自由よりも愚かしい自由を好むものである。われわれはこうした未開な人々をみると、粗野で、礼儀というものを知らず、人間性を獣の地位に貶《おとし》めるものだと深い軽蔑の念を感じるものだ。この軽蔑の念をもって諸民族の問題を考えてみよう。それぞれが一つの国家を形成している開化された諸民族であれば、このような未開の人々と同じような状態からは、できるだけ早く抜けだすことを望むはずである。

ところが現実にはそれぞれの国家は、国家主権（民族主権というのは変だから、こう表現しよう）を所有しているかどうかを判断する基準を、外的な法による強制にしたがう必要がないことにみいだしているのである。そして国家の元首はみずからの威厳を示すために、自分ではいかなる危険にさらされることもなく、まったく関係のない事柄のために幾千の人々の命を犠牲にするように命じるのである。[*] ここにヨーロッパとアメリカの未開な部族との大きな違いがある。アメリカでは多くの部族は敵の部族に食い尽くされて滅びてしまった。しかしヨーロッパでは戦いで勝利した部族は、征服した部族を滅ぼしてしまうのではなく、それをしたがわせて臣下の数を増やし、さらに戦争を拡大するための道具の数を増やしたのである。

原注［*］

だからギリシアの皇帝が、民にたいする思いやりから、ブルガリアの王との個人的な紛争を二人の決闘によって解決しようと提案した際に、ブルガリアの王は「鍛冶屋《かじや》は鋏《やっとこ》をもっているのだから、灼熱の鉄を自分の手で燃える石炭の中からとりだしたりはしないものです」と答えたのである。

◇〈法・権利〉の根拠

人間性が邪悪なものであることは、こうした諸民族の関係からありありと読みとることができる。このことは市民的で法的な状態では、統治による強制のために覆い隠されていただけなのである。だから軍事政策においても、法・権利という語がまったく衒学的なものとして顧みられない状態になっていないこと、そしていかなる国家も、このような見解を公に語るほど大胆ではないことのほうが、むしろ驚くべきことなのである。フーゴー・グロティウス、プーフェンドルフ、ヴァッテルなどの人々は[18]（これらは、ひとを慰めようとして煩わす人々だ[19]）、たしかに法典を発表しているが、こうした法典は哲学的または外交的な文書として作成されたものであり、いかなる法的な効力もないし、そもそも効力をもちえないのである（というのは、国家は共同で外的な強制のもとに服していないからである）。そしてこうした法典は相変わらず、戦争の開始の根拠づけとして、忠実に利用されているのである。こうした重要な人々が法典に証言として書きこんだいわば〈武装した議論〉に動かされて、戦争の意図を放棄した国は一つもないのである。

このようにすべての国は、少なくとも言葉の上では〈法・権利〉の概念に敬意を表明しているが、このことは人間のうちに、まだ眠り込んでいるとしても、偉大な道徳的な素質があることを示すものであり、これが人間のうちにひそむ悪の原理を克服できること（悪の原理がひそむことをだれも否定することはできない）、そして他者も同じようにこの原理を克服することを期待できることを告げるものである。そうでないとしたら、「弱者が強者に服従することは、自然が強者に与えた特権である」というかのガリアの王の言葉どおりに、[20] たがいに戦おうとする国家は、たんに嘲笑《ちょうしょう》する場合を除いて、法・権利という言葉を口にすることはなかっただろう。

◇平和連盟の役割

国家が自分の権利を追求する方法は、国際的な裁判所に訴える訴訟という形をとることはなく、戦争によらざるをえない。しかも戦争によって幸運にも勝利をかちえたとしても、国家の権利が保証されるわけではない。たしかに和平条約によって、その戦争は終結するかもしれないが、つねに新たな戦争のための新たな口実を探しつづけている戦争状態が終結したわけではないのである。しかもこうした戦争状態を不正なものと宣言することもできない。この状態にあっては、だれもがみずからのかかわる争論について、裁判官となるからである。法の支配しない状態にある人間にたいしては、自然法によって、「この状態から抜けだすべきである」と命じることができるが、国家にたいしては国際法によって同じことを命じることはできないのである。というのはどの国家もすでに国内では法的な体制を確立しているので、ある国がみずからの法の概念にしたがって、他国に命令しようとしても効力はないのである。

それでもなお、道徳的な立法を行う最高の権力の座にある理性は、争論を解決する手段として戦争を遂行することを断固として禁じ、平和状態を直接の義務とするのである。そしてこの平和状態は、諸民族のあいだの条約によらずには、創設することも、保証することもできないのである。だから特別な種類の連合が存在しなければならないのであり、これを平和連盟《フェドス・パーキフィクム》と呼べるだろう。

この平和連盟は和平条約《パクトゥム・パーキス》とは異なるものである。(21) 和平条約は一つの戦争を終結させようとするだけだが、平和連盟はすべての戦争を永遠に終わらせようとするのである。この平和連盟は、国家権力のような権力を獲得しようとするものではなく、ある国家と、その国家と連盟したそのほかの国家の自由を維持し、保証することを目指すものである。しかも連盟に加わる国家は、そのために公法に服し、その強制をうける必要はない。それが自然状態における人間とは異なるところである。

この連合の理念は次第に広がってすべての国家が加盟するようになり、こうして永遠の平和が実現されるようになるべきであるが、その実現可能性、すなわち客観的な現実性は明確に示すことができるのである。というのは幸運の力によって、ある啓蒙された強力な民族が、共和国を設立したとしよう。すでに述べたように共和国はその本性から永遠の平和を好む傾向があるので、この国がほかのすべての諸国を連合させる結合の要《かなめ》となるはずである。そしてほかの諸国と手を結び、国際法の理念にしたがって、諸国家の自由な状態を保証し、この種の結合を通じて連合が次第に広い範囲に広がるのである。

ある民族がこう語ったとしよう。「われわれの間に戦争があってはならない。われわれは国家を設立しようとするのであり、紛争を平和のうちに解決する最高の立法権、統治権、裁判権をみずからの上に置こうとするからである」。これは十分に理解できることである。しかしこの国家がこう語ったとしよう。「わが国とほかの国の間に戦争があってはならない。ただしわが国に対して権利を認め、わが国がその権利を保証するような最高の立法権は認められない」。これはまったく理解できないことである。そもそも国民のあいだには市民的な社会的連合があって権利を保証し、国家のあいだでは国家連合が権利を保証するはずである。しかしこうした自由な国家連合が存在しないのならば、どのようにして自国の権利を信頼できる形で基礎づけることができるというのだろうか。だから国際法という概念にまだ考察すべき点が残されているとすれば、それは理性がこの概念に国家連合の概念を結びつけざるをえないというところにある。

◇消極的な理念としての連合

そもそも戦争する権利として国際法という概念を考えようとすることは、まったく無意味なことである。戦争する権利というものは、個々の国家の自由を制約するための一般的に妥当する外的な法則にしたがって定められたものではなく、何が権利であるかを暴力によって、一方的な原則にしたがって決定しようとするものだからだ。だから国際法を戦争する権利という観点から考えようとする人々はやがてたがいに殺戮《さつりく》しあうことになり、永遠平和は巨大な墓穴のうちに成立することになるだろう。この墓穴には、あらゆる残虐な行為とその行為者が埋め込まれるのであり、このような事態は避けがたいのである。

ところで他国との関係のもとにある国家が、法の定められていない状態、戦争だけが支配する状態から抜けだすには、理性的に考えるかぎり、次の方法しか残されていないのである。すなわち国家も個々の人間と同じように、法の定めにしたがわない未開な状態における自由を放棄して、公的な強制法に服し、つねに大きくなりながら、ついには地上のすべての民族を含むようになる国際国家を設立するほかに道はないのである。

しかしこうした国家は、彼らなりに国際法の理念に基づいて、このことを決して望まず、それを一般的には《イン・テシ》正しいと認めながらも、個々の場合には《イン・ヒュポテシ》否認するのである。だからすべてのものが失われてしまわないためには、一つの世界共和国という積極的な理念の代用として、消極的な理念が必要となるのである。この消極的な理念が、たえず拡大しつづける持続的な連合という理念なのであり、この連合が戦争を防ぎ、法を嫌う好戦的な傾向の流れを抑制するのである。この好戦的な傾向が勃発する可能性はつねに残されるのだが（「門の中で神をけがす狂乱は、血まみれの口で叫ぶ」ウェルギリウス)[*(22)]。

原注[*]

ある民族が戦争が終わって平和が締結された際に、感謝の祭の後に懺悔《ざんげ》の日を定めて、国家の名において大いなる罪の赦しを天に求めるとしたら、それはふさわしい営みだと言えよう。人類は今もなお、法的な体制のもとでほかの民族に服することなく、自国の独立を誇りとして、戦争という野蛮な手段に頼るというこの大いなる罪を犯しているのである。それでいて戦争によって民族の求めるもの、すなわちそれぞれの国の法・権利が確立されることはないのである。ところで戦争がつづいている間に、勝ち取った勝利に感謝の祭を催したり、イスラエル的な表現で万軍の主を賛美する歌を歌ったりするようなことは[(23)]、父なる神という道徳的な理念とはいかにもそぐわないものである。こうした祭や歌は、民族がたがいの法・権利を確保しようとする方法に、このなんとも悲しむべき戦争という方法に、まったく無関心であることを示すだけでなく、多くの人々を殺戮し、その幸福を無にしたことを喜ぶことだからである。

ことが、適切な機械的な秩序のもとに配置されていることになる。

ところでこうした実務的な法律家は、これまでさまざまな事態に直面してきた経験に基づいた熟練を誇るあまりに、国家体制全般についての原理にかんしても、経験によらずに法的な概念にしたがって、原則的に判断できるという妄想をいだくことがある。こうした人々は、多くの人と交渉してきた人間通であることを誇りにするあまり、人間とは何か、人間がどのようなものでありうるかについてはまったく知らないにもかかわらず（これについて認識するには、人間学的な考察という高次の立場が必要なのである）、人間についての勝手な概念によって、理性によって規定される国法と国際法の問題にまで判断を下そうとするのである。しかも悪しき根性から、このような越権行為に及ぶのである。

ほんらいであれば理性が求めるのは、自由の原則だけにしたがって合法的な形で人々を強制する手段を確立することである。このような強制によらなければ、安定した国家体制は樹立できないのである。ところがこうした人々は自由の原則によらずに、専制的に与えられた強制的な法則のメカニズムに頼るという手慣れた方法を採用するのである。このように実務家と称する人々は、自由の理念を無視して、経験的な方法でこの課題を解決することができると信じているのである。そして多くの点で非合法であるにもかかわらず、これまでもっとも大きな成功を収めてきた国家体制の樹立方法についての経験に基づいて、国家の樹立という課題を実現できると信じているのである。こうした実務家がそのために使用する原則は、次のような詭弁的な原則になるだろう（もっとも公開はしないだろうが）。

◇三つの詭弁的な原則[44]

一　まず「実行してから弁明せよ」。自国の民族の権利であるか、ほかの隣接する国の権利であるかをとわず、独占する好機を逃すな。弁明するのであれば、実行したあとのほうが容易だし、巧みに行えるものである。また暴力も飾り立てて弁明することができるものである。とくに国民への暴力であれば、国内における主権を握る者は、立法権も握っているのであり、臣民は議論せずにこれにしたがわねばならないのである。これは暴力を実行する前に、説得する根拠を考えておき、反論が出るのを待っているよりもはるかに容易な方法である。このようなあつかましいやりかたは、その暴力の合法性を心から確信しているかのような見掛けを与えるのである。そして事後的な善き結果《ボヌス・エーウエントゥス》という〈神〉が最善の弁護人になってくれるのである。

二「実行したとしても、それを否定せよ」。汝《なんじ》が過ちを犯したために、国民が絶望のあまり暴動を起こしたとしても、それが汝の罪であることを否定せよ。むしろその罪は、臣下の不服従にあると主張せよ。あるいは隣接する民族を征服したときには、その罪は人間の本性にあると主張せよ。暴力をもって他者に先んじなければ、他者によって先んじられ、征服されるのが人間性のつねであると主張せよ。

三「分割して統治せよ」。もしも汝の民族のうちに、特権のある実権者がほかにも数人いて、汝がその中の実権者のうちで最高の者《プリームス・インテル・パレス》として選ばれている場合には、ほかの実権者たちをたがいに対立させ、国民とも対立させよ。そしてより大きな自由を与えるという名目のもとで、国民の側に立て。そうなればすべての者が汝の絶対的な意志に依存するようになるであろう。また対外的には、外国との間に不和を惹起《じゃっき》せよ。そして弱い国を援助するという名目のもとで、これらの諸国を征服せよ。これはかなり確実な手段なのである。

しかしこのような政治的な原則では、もはやだれも欺くことはできないだろう。すでにだれもが熟知していることだからだ。また権力者は、こうした原則の不正さが、だれの目にも明らかなのではないかと、恥じることもないだろう。強大な権力者たちは、一般大衆の判断ではなく、ほかの権力者たちの判断に恥を感じるからだ。だからこうした原則にたいして権力者が恥じるのは、それがあからさまになったときではなく、その原則が失敗したときである。こうした原則の道徳性という観点からは、権力者たちはみな同類だからである。こうして権力者の最後のよりどころは、確実に期待することのできる政治的な栄誉である。どのような方法で獲得したかは問題ではなく、権力が拡大することこそが栄誉なのである。*

原注［*］

一国でともに暮らしている人々について、人間の本性に根ざす邪悪さがあると主張できるかどうかは疑問である。しかし人々のうちに非合法的な気持ちが現れるのは邪悪さのためではなく、文化がまだ進歩していないため、すなわち人々がまだ粗野なためだという主張は、それなりに説得力がある。しかし人間の邪悪さがもっとも否定しがたい露骨な形で示されるのは、さまざまな国家のあいだの対外的な関係においてである。国内においては人間の邪悪さは市民法の強制のために隠されている。市民にはたがいに暴力をふるう傾向があるとしても、より強大な権力である統治権がこれを抑制して、道徳的な色彩（原因ならざる原因）を与えるからである。

それだけではなく、こうして非合法的な傾向が抑えられると、人々の道徳的な素質が発達し、法に直接的な尊敬を抱く傾向が著しく促進されるのである。というのは人はみな、自分としては法の概念を十分に神聖なものと考えているし、忠実に遵守するつもりがあるが、そのためにはほかのすべての人が同じことを保証するのが前提条件だと考えるものだからである。そして統治がこのことをある程度は保証してくれるのである。そしてこれが道徳性に向かう大きな進歩を実現し（たとえまだ道徳的な進歩ではないとしても）、こうしていかなる報酬も考慮せずに、それが義務であるからしたがうという義務の概念が強まるのである。

ところが人はみな、みずからについては好意的に解釈しながらも、他人についてはだれもが悪しき心情をいだいていると想定するのであり、たがいに他者は事実においては信頼できないという判断を口にするのである（ところでこのような判断がどこから生まれるかは不可解なことである。それが自由な存在としての人間の本性に由来するとは主張できないからである）。それでも人は法の概念をあっさりと放棄してしまうことはできず、法の概念に尊敬の念を抱いているのであり、このことが人間には法にしたがう能力があるという理論を、力強く承認しているのである。だからすべての人は、他人がいかに好きなようにふるまおうと、自分だけは法にしたがって行動しなければならないことを洞察すべきなのである。

＊

◇政治と道徳の対立

人間の平和状態を、自然状態としての戦争状態から導きだそうとするのは、道徳というものを無視した怜悧《れいり》な教えのずる賢い議論なのであるが、こうした議論を検討してみると、少なくとも次の点は明確になる。人間は公的な関係においても私的な関係においても、法の概念から逃れることはできないし、まただれもあえて、政治を怜悧の策略だけに根拠づけて、公法の概念に服従することを完全に拒むことはできないものだ（これはとくに国際法の分野では明確になる）。そして人間は公法の概念に、それにふさわしい尊敬の念をいだいているのである。もっとも人間はさまざまな言い逃れやごまかしを考えだして、実際には公法の概念の適用を免れようとするだろうし、狡猾《こうかつ》な権力に阿《おもね》って、あらゆる法の源泉であり、絆でもある権威を捏造《ねつぞう》して、権力にこうした権威を与えようとすることもあるだろう。

このような詭弁をなくすために（そしてこうした詭弁によって美化された不正をなくすために）、そして地上の権力の偽りの代表者たちに、自分たちに有利になるように代弁しているのは法ではなく暴力であることを認めさせるにはどうすればよいだろうか。こうした人々に、自分たちが命令を下すような口調で語ることができるのは法によるのではなく暴力によるものであることを告白させるにはどうしたらよいだろうか。それには次のことが必要だろう。すなわちみずからと他者を欺く〈めくらまし〉を暴露して、永遠平和への意図が生まれる最高の原理を明確に示すこと、そして永遠平和の前にたちはだかるすべての悪が由来する根源を示すことが大切なのである。いわば政治的な道徳家は、道徳的な政治家が正当に終えるところから出発するのであり、原則を目的に従属させ、馬を車の後ろにつなぐかのように、目的と原則の位置を逆転させようとする。こうして、ほんらいの意図である政治と道徳の一致は崩壊し、そこからすべての悪が生まれるのである。

◇理性の二つの原理

実践哲学における自己矛盾をなくし、実践理性の課題を実現するためには、理性の内容的な原理から出発するのか、形式的な原理から出発するのかをまず決定しておく必要がある。理性の内容的な原理は、意志の任意の対象としての目的を重視するものであり、理性の形式的な原理は、目的のもつ内容そのものは問わずに、外的な関係における自由だけに依拠して、「汝の主観的な原則が普遍的な法則となることを求める意志にしたがって行動せよ」と命じるのである(45)。

ところで実践哲学においては、この形式的な原理を優先する必要があるのは疑いえないところである。この形式的な原理は法原理として、無条件的な必然性をそなえているからである。これと比較すると、内容的な原理が強制力をもつのは、設定された目的の経験的な制約のもとで、その目的を実現しうることが前提となっている場合だけなのである。永遠平和のような目的は義務であるとしても、その義務は外的な行為における主観的な原則の形式的な原理から、あらかじめ導きだされたものでなければならないのである。

ところで理性の内容的な原理は、政治的な道徳家の採用する原理であり、国法、国際法、世界市民法の問題を、たんなる技術的な課題《プロブレーマ・テクニクム》とみなすものである。しかし理性の形式的な原理は、道徳的な政治家の採用する原理であり、国法、国際法、世界市民法の問題を、道徳的な課題《プロブレーマ・モーラーレ》とみなすものである。道徳的な政治家が永遠平和を実現する方法は、政治的な道徳家の採用する方法とはきわめて異なるものである。それは道徳的な政治家にとって永遠平和はたんに自然的な善であるだけでなく、義務を承認することによって可能となる状態であり、願望の対象となっているからである。

◇戦略問題と政策問題

第一の［技術的な課題の］問題、すなわち国家の戦略の問題を解決するためには、実現すべき目的にあわせて自然のメカニズムを利用するために、自然に関する多くの知識が必要とされる。しかしこれらの知識が永遠平和をもたらすためにどこまで有効であるかは、まったく不確かなことなのである。これは公法の三つの分野のどれについても同じことである。

たとえば国法の分野を考えてみよう。ある民族を従順に服従させ、しかも繁栄させるためにはどのような方法を利用できるだろうか。［支配の方法という側面からみて］厳格に支配するのがよいのか、それとも虚栄という〈餌〉で釣るのがよいのか。［支配の形式の側面からみて］主権を握るのはただ一人とすべきか、多数の実権者の連合によるべきか、公職貴族によるべきか、民衆に主権を握らせるべきか。そしてこの繁栄を長持ちさせるにはどのようにしたらよいのか。これらはどれも不確かなことであり、歴史をみてみればあらゆる統治方式に反対の実例があるのである（ただし、道徳的な政治家だけが構想することのできる共和的な統治方式は例外であり、これだけが唯一の正しい統治形式である）。

それよりも不確実さがあらわになるのは、内閣の提案した規約によって成立しているはずの国際法の分野である。国際法というのはじつは内容のない空疎な言葉にすぎない。国際法が依拠している契約とは、契約を締結する行為のうちに、違反のための秘密の留保が含まれているありさまなのである。

これに対して第二の［道徳的な課題の］問題、すなわち国家政策の問題の解決方法はいわば自明なものであり、だれにでも理解でき、あらゆる技巧を無力なものとして、目的に向かって邁進《まいしん》すべきものである。もっとも暴力によって目的を無理やりに実現するのではなく、有利な状況において目的に絶え間なく接近するという怜悧の法則を忘れてはならないのであるが。

◇普遍的な意志の威力

だから次のように表現することができよう。「何よりも純粋な実践理性の王国と、その正義を推進せよ。そうすれば汝の目的、すなわち永遠平和の恩恵はおのずから実現されよう」。というのは道徳そのものには次のような特徴があり、しかもこれは公法の原則において、その原則にしたがって認識できる政治によって明確に示されるのである。すなわち道徳というものは、自然的な利益か道徳的な利益かを問わず、実現しようとする利益に依存しなければしないほど、設定された目的にふさわしくなるものなのである。

というのは一つの民族の内部でも、複数の民族の間でも、人間にとって何が正義であるかを決めるのは、原則にしたがって定められた普遍的な意志だけだからだ。すべての人々の結合された意志が、実践において一貫性を維持することができるなら、自然のメカニズムにしたがって意図した結果をもたらすことができるとともに、法の概念に効力を与える原因にもなるのである。だからこそたとえば、一つの民族は自由と平等という普遍的な法の概念にしたがって、一つの国家を樹立して統一されるべきであることが、道徳的な政治家の原則となるのである。この原理は策略ではなく、義務に基づいたものである。

ところで政治的な道徳家であれば詭弁を弄して、大衆が国家を樹立して一つの社会を作りだしたとしても、その社会は自然のメカニズムに支配されるのだから、自然のメカニズムがこのような原則を無効にし、その意図を空虚なものにしてしまうと主張するかもしれない。あるいは古代や近代の悪しき組織の体制を実例として（たとえば代議制のない民主政治を実例として）、この原則とは反対のことを主張するかもしれない。しかしこうした主張に耳を傾ける必要はない。このような有害な理論は、みずから予言する悪をおのずから引き起こすものなのである。こうした理論によると、人間は生ける機械にすぎないことになるが、こうした生ける機械すら、自分は自由な存在ではないという意識が生まれたならば、世界の存在者のうちでもっとも悲惨な存在であると考えねばならなくなろう。

◇正義はなされよ……

「正義はなされよ、世界が滅ぶとも」(46)というのは、世間で通用している格言であり、いささか誇張気味ではあっても正しい命題である。このラテン語の格言を普通の言葉で言い換えれば、「正義が支配せよ、たとえ世界の悪党どもがそのために滅びるとしても」ということである。この命題は、悪巧みや暴力がさし示す邪悪な道をすべて途絶させようとする勇敢な法の原則なのである。ただしこの原則は、みずからの権利を最大限の厳格さで利用することを許容するものと誤解してはならない。それは倫理的な義務に反することだからである。この原則は、権力を所有する者は、相手を嫌いであるか、同情を感じているかにかかわらず、だれにも認められるべき権利を拒否したり、侵害したりしてはならないことを命じたものと理解すべきである。そしてそのためにも、純粋な法の原理にしたがって国内体制が確立される必要があり、あたかも一つの普遍的な国家であるかのように、国家の間の紛争を法的に仲裁する体制が、その国家と隣国を、またさらに遠くの国を結合する体制が、必要なのである。

さらにこの命題は、次のことも示している。政治的な原則というものを、その原則にしたがう国家が期待できる安寧や幸福から導きだしてはならないし、国家が意図する目的を、国家政策の最高の（しかし経験的な）原理とみなして、その目的の実現だけを目指してはならないということである。そうではなく、法的な義務という純粋な概念から、すなわち純粋な理性がもともと示している原理を実行するという義務から出発する必要があり、それによってどのような自然的な結果が生じるかは無視しなければならないのである。

悪人が減ったとて、世界が滅びることはない。道徳的な悪には、ある特有な特性がある。道徳的な悪はその意図において、みずからと矛盾し、みずからを破壊する傾向があるのである。そしてこの傾向は、同じように悪を意図するほかの人々との関係において顕著に示される。こうして道徳的な悪の原理は、たとえゆっくりとではあっても、道徳的な善の原理に場を譲っていくのである。

＊

◇悪の原理

だから理論として客観的にみれば、道徳と政治の間には争いはない。しかし主観的には道徳と政治の争いは今後もつづいていくことになるし、つづいても構わないのである。というのは、この争いは道徳にとっては徳を磨く砥石のような役割をはたすものだからだ。ところでここで〈主観的に〉というのは、人間の利己的な傾向については、ということである。この利己的な傾向は、理性の主観的な原則を根拠とするものではないので、まだ実践と呼ぶことはできないのである。さてここで示される道徳の真の勇気は、「汝は災いに屈せずに、さらに大胆に進むがよい」(47)という原則にしたがって、さまざまな悪と犠牲に確固とした覚悟をもって立ち向かうことによって示されるものではない。むしろ、われわれのうちに潜むはるかに危険な悪の原理をみつめて、その悪巧みにうちかつことにおいて、真の勇気が示されるのである。この悪の原理は偽りに満ちた裏切りであり、詭弁を弄しながら、人間に固有の弱点をもちだしてあらゆる違反を正当化するのである。

◇神と人間の悪

政治的な道徳家であればあるいは、次の事実を指摘することもできるだろう。君主と国民が、あるいはある民族と別の民族がたがいに暴力を行使し、策略を弄して攻撃しあうとしたら、その場合には平和を永遠に基礎づけることができるはずの法の概念に敬意を払わないという意味では、一つの不法を犯しているとしても、たがいの間には不法は存在しないのだと。というのは、一方が他方にたいして義務に反するとしても、他方もまた同じような義務に反する心をもっているのだから、たとえたがいに滅ぼしあうとしても、双方において起きているのはまったく正当なことだと言えるのである。そして双方の種族のうちで一部の人々は生き残り、この戯れを将来の遠い時期まで続けることができるだろう。それは将来の子孫にとって警告となる実例を示すためである。こうして世界の歴史に示された摂理の正しさが示されるのである。

人間のうちの道徳的な原理は決して消滅することがないのであり、この原理にしたがって着実に法の理念を実現しようとする理性は、進歩をつづける文化をつうじてつねに成長していくのである（文化の進歩とともに、違反の罪も大きくなるのもたしかだが）。このような腐敗した存在者がそもそも地上に存在するということは、いかなる弁神論によっても[48]正当化できないようにみえるかもしれない（もしも人類がより善き存在になることがなく、なりえないと考えるならば）。しかしこのような視点から判断することは、人間にとってはあまりに高い立場に立つことになる。智恵についての人間の概念を、人間が極めることのできない最高の力に、理論的な視点から適用することは、われわれには許されていないのである。だからもしも純粋な法の原理が客観的な実在性をそなえていること、そして実現されうることを想定しないならば、われわれは「人間は善き存在になりえないという」この絶望的な結論に到達せざるをえないのである。だから国家を樹立した国民も、たがいに競いあう諸国家も、この純粋な法の原理にしたがって行動しなければならないのである。たとえ経験に依拠する政治がそれにどれほど反対しようともである。

◇政治と道徳の「対立」

こうして真の政治は、あらかじめ道徳に服していなければ、一歩も前進できないのである。たしかに政治は困難な技術ではあるかもしれないが、道徳と政治を一致させることは、技術の問題ではないのである。政治と道徳が衝突するとき、政治が解くことのできない結び目を、道徳は二つに切り離すからだ。人間の法は神聖なものでなければならない、たとえ支配する権力にどれほど大きな犠牲を払わせようとも。ここで中途半端な形で、実用的な形で制約された法という概念を考えるのは、法と利益の〈中間物〉のようなものを作りだそうとすることであり、これは許されないのである。むしろ政治は道徳の前に屈しなければならない。しかしそのことによってこそ、政治が輝きつづけることができる状態にまで、たとえゆっくりとではあっても、進歩することを希望することができるのである。

二　公法を成立させる条件という概念に基づいた道徳と政治の一致について

◇公開性

国家における国民と国家間の関係に関して経験によって与えられているさまざまな関係から、法学者がふつう想定するような公法のすべての内容を捨象してみよう。すると残るのは公開性という形式である。いかなる法的な要求でも、公開しうるという可能性を含んでいる。公開性なしにはいかなる正義もありえないし（正義というのは、公に知らせうるものでなければ考えられないからだ）、いかなる法もなくなるからだ（法というものは、正義だけによって与えられるからだ）。

すべての法的な要求はこの公開性という性質をそなえている必要がある。だから公開性という特性は、そもそも原則として理性のうちに含まれていて、すぐに利用することのできる基準なのである。その法的な要求に公開性という特性がそなわっているかどうか、行為者の原則が公開性の基準と一致しているかどうかは、すぐに判断できるからだ。公開性が存在していない場合には、純粋理性によって吟味してみれば、それが法であるという主張が虚偽であること（法の僭称《プレテンシーオー・ユーリス》）、それが不法であることはすぐにわかるのだ。

◇公法の成立の条件

このようにして国法と国際法の概念に含まれるすべての経験的なものをとりのぞいてみると（この経験的なものは人間性の邪悪さによるものであり、そのために強制が必要とされるのである）、次の命題を公法の成立の条件を示す表現と呼ぶことができよう[49]。

> 他者の権利にかかわる行動の原則が、公開するにはふさわしくない場合には、その行動はつねに不正である。

この原理はたんに倫理的なもの、すなわち道徳にかかわるものであるだけではなく、人間の権利にかかわる法律的なものとみなすべきである。わたしが口にだした瞬間にその意図が無に帰してしまうような原則、成功するためには秘密にしておかなければならないような原則、それを公表してしまうと、わたしの計画にたいしてあらゆる人が反対するような原則、公開したならば、すべての人々がわたしに反対することが必然的で普遍的であり、そのことをただちに洞察することができるような原則は、すべての人々を脅かす不正によって生まれたものであると考えざるをえないのである。公法の成立の条件を示すこの原理は、たんに消極的なものにすぎず、他者にたいするどのような行動が不正なものであるかを示すだけである。この原理は数学の公理のように、証明を必要とせずに確実なものであり、さらに次の公法の実例から明らかなように、容易に適用できるものである。

◇国内法における公開性の原則の実例―革命

一　国法、ラテン語での市民法《ユース・キーウィタティス》、すなわち国内法に関しては、多くの人が解答が困難だと考えている問いがある。それは、「いわゆる暴君、名称だけでなく、事実における暴君の抑圧的な暴力を覆すために、国民が叛乱を起こすのは、合法的であるか」というものであるが、この問いは公開性という公法の成立の条件を示す原理によってすぐに解決できるのである。国民の権利が侵害されているならば、暴君を退位させても、暴君に不正を行うわけではない。これは疑う余地のないことだ。しかし臣民がこのような方法でみずからの権利を主張するのは、きわめて不正なことである。そして臣民がこの争いにおいて敗北し、そのために厳しい刑罰をうけても、それを不正だと訴えることはできないのである。

　この問題を、法的な根拠に基づいて独断的な形で解決しようとすれば、賛否両論のさまざまな議論が続出するだろう。しかし公法の成立の条件にかかわる公開性という原理を使えば、このような面倒な議論をしなくてもすむのである。この原理にしたがうならば、国民は市民的な契約を締結する以前に、場合によっては叛乱を起こす計画であるという原則を公にしなければならなくなる。その場合には国民は、国家体制を樹立する際に、いずれ場合によっては元首にたいして暴力を行使する可能性があることを、国家樹立の条件として明示することになる。するとすぐに理解できるように、国民は元首に行使しうる合法的な権力を所有していると称することになる。しかしそのような元首は、もはや元首とはいえない。だから国民と元首が、国家の樹立においてこの矛盾する二つの条件をたがいに主張しあうなら、国家はもはや樹立できなくなるのである。しかし国家を樹立することこそが、国民の意図ではなかったか。すると叛乱が不正であるのは、叛乱を起こすという原則を公表したならば、国家の樹立という意図そのものが不可能になることからも明らかである。こうしてこれは必然的に秘密にしておかざるをえなくなる。

しかし国家元首にとっては、これを秘密にしておくことはなんら必然的なことではない。元首は、叛乱が起きた場合には、その主導者がたとえ、最初に根本法を犯したのが元首だと考えていても、主導者を死刑に処すると自由に公言することができるのである。というのは、元首は自らが争うことのできない主権を所有していると考えているからである。そしていかなる市民的な体制でも、このことを前提にせざるをえない。すべての国民をほかの国民から保護するだけの十分な権力を所有していない者には、国民に命令を下すことはできないからである。だとすると元首は自分の原則を公表しても、みずからの意図を無にすることを恐れる必要はないのである。そしてこのことは、国民の叛乱が成功したときには、元首は臣下の地位に退くべきこと、そして復古を目的とした叛乱を起こすべきではないこと、またかつての元首としての行為のために、責任を問われないことと、きわめてよく合致するのである。

◇国際法における公開性の原則の実例—他国との約束、他国への攻撃、合併

二 国際法について語ることができるためには、ある法的な状態が存在していること、

法が現実に人間に与えうる外的な制約が存在していることが前提となる。というのは公法としての国際法の概念においては、それぞれの国が自国の権利を決める意志が公開されていることを想定しているからである。この法的な状態《スタトゥス・ユーリディクス》は、ある契約から生まれるものでなければならないが、この契約は、国家が樹立される際の契約とは違って、強制法に基礎をおく必要はないのであり、場合によっては、すでに述べたさまざまな国家の連盟のように、持続的で自由な連合の契約であってもよいのである。

なんらかの法的な状態が存在していても、それがさまざまな自然的な人格や道徳的な人格を能動的に結びつけるのではなく、自然状態のままであれば、それはたんなる私法にすぎない。その場合には政治と道徳（ただし法論としてみた道徳）の対立が発生するが、そこでも原則の公開性という基準をすぐに適用することができるのである。ただしこの場合には次のように適用されることになる。この契約はほかの諸国とたがいに共同で平和を維持することを意図して諸国を結びつけるために締結されるのであり、ほかの国を征服するために締結されるのではないのである。ここで政治と道徳の間に次のような二律背反《アンチノミー》が発生するのであり、その解決策を示しておこう。

◇二重人格の二律背反《アンチノミー》

A　この連盟においてある国が別の国との間で、援助を与えるか、特定の領土を割譲するか、助成金を与えることを約束したとしよう。ところが国家の存亡にかかわる危機が発生したとして、約束した国がそれを遂行せず、あたかも〈二重人格者〉のようにふるまったとしたらどうなるだろうか。すなわち自国のうちの誰にも責任を負う必要のない君主としてふるまうと同時に、自国にたいして弁明しなければならない最高位の国家官吏としてふるまうとしたらどうなるだろうか。君主としての資格においては、他者にたいする義務を負う責任を免れるし、国家官吏としての資格においては、元首としての責任を免れると主張するわけである。

　しかし国家または国家元首がこのような原則を公言したならば、当然ながらほかの国は相手にしないか、他国と手を結んで、このような不当な要求に抵抗するだろう。このことは、いかに狡猾な政治を企てても、この公開性という原理のもとではその目的を実現することはできないことを示すものであり、そこからこのような原則が不正なものに違いないことが証明されるのである。

◇超大国への攻撃の二律背反《アンチノミー》

B　恐るべき強大さ《ポテンティア・トレメンダ》にまで膨脹した近隣の強国が、不安を呼び起こさせたとしよう。この強国はわが国を屈服させることができるのだから、屈服させようと考えると想定できるだろうか。そしてその想定に基づいて、あらかじめ攻撃をうけなくても、弱国は（連合して）強国を攻撃する権利があるだろうか。しかしもしある国がこのような権利を所有するという原則を公開する場合には、攻撃されるという悪を迅速に、しかも確実に招くことになるだろう。強国は弱国に先んじようとするだろうし、弱国が連合しても、「分割して統治せよ」という術をわきまえている強国にたいしては、弱い篠の杖で立ち向かうようなものにすぎないのである。だからこの国家戦略の原則は、公開された場合には、必然的にほんらいの意図を無にするものであり、したがって不法なものである。

◇小国の併合の二律背反《アンチノミー》

C　ある小国が大国の外とのつながりを断つような位置にあり、大国にとっては外とのつながりを維持することが必要な場合に、大国はその小国を服従させ、自国に併合する権利はあるだろうか。大国がその原則をあらかじめ公表できないことはすぐにわかる。これを公表したら、小国はそれに先だって他国と連合してしまうか、ほかの大国がこの獲物をめぐって争うようになるからである。だからこの原則を公表したら、それは実行できなくなる。このことはこの原則が不正であること、しかもきわめて不正なものであることを示すものである。不正の行われる対象が小さくても、その不正がきわめて大きいこともありうるのである。

◇世界市民法における公開性の実例

三　世界市民法については、ここでは考察を省略することにする。国際法との類比によって、同じ原則を示して評価するのは容易なことだからである。

＊

◇政治の策略

このように国際法の原則と公開性の原則の不一致を確認する原理にしたがって、政治と道徳（法論としての道徳）が合致しない場合を示す優れた兆候を確認できるのである。つぎに、政治の原則が国際法と一致する条件について学んでおく必要があるだろう。［これまで公正で合法的な原則はつねに公開されうるものであることを確認してきたが、］これを逆転させて、ある原則が公開性の条件を満たしているならば、それは公正なものであると推論するのは正しくないからだ。他者から異議を唱えられることのない権力を所有する者なら、自分の原則を隠しておく必要はないからである。

すでに指摘したように、国際法がそもそも可能であるためには、まず法的な状態が存在していなければならない。この法的な状態がない自然状態では、どのような法を考えても、それは私法にすぎない。さらにこれまで検討してきたように、戦争の防止だけを目的として諸国家が連合することが、諸国家の自由を妨げることのない唯一の法的な状態である。だから政治と道徳が合致するためには、連合的な組織が必要なのである。この連合的な組織は、原則に基づいた法の原理によって与えられる必然的なものなのである。こうしたすべての国家戦略の法的な基礎はできるかぎり広い範囲で政治と道徳が合致することにあり、この目的なしでは、すべての戦略はたんなる無知な策略であり、不正をごまかしたものにすぎないのである。

こうした［不正な］似非《えせ》政治は、もっとも巧みなイエズス会にも劣らない決疑論《カズイスティック》を駆使する。こうした決疑論（似非《えせ》概念）としてはまず、心的な留保《レセルヴァーティオ・メンターリス》がある。公的な契約を締結する際には、事例ごとに自分の好きなように解釈できる表現を用いるのである。たとえば事実上の現状《スタトゥス・クォ・ド・フェ》と法律上の現状《スタトゥス・クォ・ド・ドロワ》を区別するなどのやり口である。次に蓋然論《プロバビリスムス》がある。この論拠にしたがって、他国に悪しき意図があるとこじつけたり、他国の優勢が確実なときには、そのことを法的な根拠として他国の政府を転覆させたりするのである。最後に哲学的な犯罪《ペカートゥム・フィロソフィクム》の概念がある。これはみずからの行為を微罪《ペカーティルム》とか些事《バガテル》として弁明する方法であり、より大きな国が小さな国を併合することで、世界の福祉に貢献できるという理由から、こうした併合は些事としてすぐに許容できると主張するのである。*

原注［*］

この原則の実例として、宮中顧問官ガルヴェ氏の論文「道徳と政治の結合について」（一七八八年）をあげることができる。[50] 尊敬すべき学者であるガルヴェ氏は、論文の冒頭でこの問題を満足できる形で解決できないことを素直に告白している。しかし氏がこの原則を是認していることは、これにたいする反論を完全には否定できないことを認めながらも、こうした原則を濫用しがちな人々に、きわめて大きな譲歩をしていることからも明らかだろう。

◇政治の二枚舌

このような傾向を助長するのが、政治が道徳について弄する二枚舌である。意図におうじて二枚の舌を使い分けるのである。人間愛と人間の法にたいする尊敬は、どちらも義務として求められるものである。しかし人間愛は条件つきの義務にすぎないが、法にたいする尊敬は無条件的な義務であり、端的に命令する義務である。法にたいする尊敬の義務を決して踏みにじらないことを心から確信している人だけが、人間愛の営みにおいて慈善の甘美な感情に身をゆだねることが許されるのである。

人間愛という文脈で、倫理学としての道徳を考えた場合には、道徳と政治はすぐに一致することができ、統治者の利益のために人間の権利を犠牲にすることができるだろう。しかし法にたいする尊敬という法論の意味での道徳の前には、政治は膝を屈しなければならない。だからここでは政治はできれば道徳と仲良くすることを避けて、道徳には実在性はないと主張し、すべての義務は好意だけによるものと解釈しようとするのである。しかし政治がこのような後ろ暗い悪巧みをしても、哲学は公開性の原則を適用することで、こうした悪巧みをすぐに挫《くじ》くことができるだろう。ただし政治が哲学者に、みずからの原則を恐れずに公表することを許すことが条件となるが。

◇公法の超越論的な原理再論

だからわたしはここで、公法の超越論的な原理として、別の肯定的な原理を提案したい。この原理は次のように表現できるだろう。

その目的を達成するために公開を必要とするすべての原則は、法と政治に合致する。

この原則は公開しなければ目的を達成できないのだから、公衆の普遍的な目的である幸福の実現にふさわしいものであるはずである。公衆を幸福な状態において満足させるというその目的に合致することが、政治のほんらいの課題だからである。しかしこの目的は公開性だけによって、すなわち公開してこの原則にたいするすべての不信をとりのぞくことによって実現できるのであるから、この原則は公衆の法とも合致するはずである。すべての人々の目的が一致するのは、公衆の法においてだからである。この原理についてさらに敷衍《ふえん》して説明するのは、別の機会にゆだねよう。ただこの原理が公法の成立の条件を示す性格のものであることは、この原理が〈公開〉という普遍的な法則に適っているかどうかという形式の側面だけに注目していることからも明らかだろう。この原理は、幸福にかかわるあらゆる経験的な制約は、法の内容に関する側面として、考察しないのである。

◇永遠平和という課題

公法の状態を実現することは義務であり、同時に根拠のある希望でもある。これが実現されるのが、たとえ無限に遠い将来のことであり、その実現に向けてたえず進んでいくだけとしてもである。だから永遠平和は、これまでは誤って平和条約と呼ばれてきたものの後につづくものではないし（これはたんなる戦争の休止にすぎない）、たんなる空虚な理念でもなく、実現すべき課題である。この課題が次第に実現され、つねにその目標に近づいてゆくこと、そして進歩を実現するために必要な時間がますます短縮されることを期待したい。

訳注

（1）「永遠平和のために」（ツム・エーヴィゲン・フリーデン）という語は、「永久《とわ》の安らかな眠りのために」という意味を含むので、死者を弔う意味をこめることができる。

（2）カントはこの論考を、当時の平和条約の書き方にならって、予備条項と確定条項で構成している。予備条項では、永遠平和を実現するために必要な条件を示し、確定条項ではそのための具体的な提案を示すのである。最後に秘密条項がつけられているが、これはカントが指摘するようにほんらいはあってはならないものである。

（3）決疑論《カズイスティック》とは、キリスト教の道徳神学で、さまざまな事例をあげながら、善悪を判断する方式である。たとえば「嘘をついてはならない」という掟《おきて》にたいして、「神父が懺悔で知った真実を語るように求められた場合で、嘘をつかざるをえないときはどうなるか」など、さまざまな状況でその掟の適用を考察する。イエズス会の決疑論の議論では、神父は「心的な留保」によって嘘をつくことを認められたので、詭弁と同じ意味をもつようになった。カントはこの論文の最後で決疑論を心的な留保と同じこととみなしている。

（4）当時はハプスブルク帝国の時代であり、ハプスブルク家の政略結婚によってさまざまな領地が併合されたり、交換されたりしていた。オーストリア継承戦争の後の一七四八年のアーヘンの和約がその好例である。

（5）国債の発行をさきがけたのはイギリスであり、一六九四年に設立されたイングランド銀行は、国債を担保として銀行券を発行する権利を認められた。一八世紀にはそれまでの金融資本に代わって、銀行券が法貨としての価値を認められて通用するようになり、産業資本の育成に貢献するようになった。

（6）この段落でカントはスカンダルという語で複雑な掛け言葉の遊びをしている。国内での内乱という意味での騒動にスカンダル（Skandal）というドイツ語を使った後に、突然話題を倫理的な分野に転換し、ある人の品行が悪かった場合に、他者に悪しき手本となる例を挙げる。カントは他者に悪しき手本を示した場合には、それはスカンダルム・アケプトゥム（scandalum acceptum）に過ぎないと語るのである。本書ではこれを「悪行への誘い」と訳してある。カントの倫理学ではこの誘い（スカンダル）には二種類ある。ここで示した「認められた蛮行」スカンダルム・アケプトゥムと「与えられた蛮行」スカンダルム・ダトゥム（scandalum datum）である。認められた蛮行は、模倣する主体の側に責任があり、「偶然的な」性格の手本であるが、与えられた蛮行は模倣する主体にとっては自分の悪行を絶対的に弁明することのできる「必然的な」性格の手本である（カントの未刊の道徳哲学に関する講義を参照されたい)。カントは他国の暴動は、内乱の直接の原因となるものではなく、他国が偶然に模倣した手本に過ぎないので、それは「認められた蛮行」(scandalum acceptum)であるが、内乱状態で他国が介入した場合には、「与えられた蛮行」(scandalum datum)になると指摘しているのである。本書では「他国を傷つける蛮行」と訳したのがこの概念であり、カントはドイツ語でこれを ein gegebenes Skandal と書いているのである。

(7) カントはこの段落で、国際的な条約の慣行にならって、多くの用語にラテン語の訳をつけている。暗殺者(percussores)、毒殺者(venefici)、暴動(perduellio)、次のページのスパイの活用(uti exploratoribus)などである。

(8)「絶滅させる戦争」あるいは「絶滅戦争」はbellum internecinum、「懲罰戦争」はbellum punitivumである。

(9) ここに登場するさまざまな法のラテン語訳を示しておく。「禁止命令」、「禁止する命令」、「禁止する法」と訳したのはleges prohibitivaeであり、「強制法」はleges strictae、「任意法」はleges latae である。また原注の「命令」はleges praeceptivae、「許容する法」と「許容法則」はleges permissivaeである。

（10）ローマではカレンダエとは月の最初の日、すなわち朔日《ついたち》をさす。しかしギリシアの暦ではこの用語がなかった。そのためにいつまでも来ない日を意味するようになった。子供の冗談で、「九月三一日になったらね」というのと同じである。カントの本文とは少し違ってアウグストゥスは、借金を返済しない人々を非難して「彼らはギリシア暦のカレンダエに返すだろうさ」と皮肉るのがつねだったという（スエトニウス『ローマ皇帝伝』上、国原吉之助訳、岩波文庫、一八三ページ）。

（11）誤想とは、正しい根拠がないのに、思い込みで権利があると推測することを示す法律用語である。カントはこの第六項とその注では、取得に重点をおくときには誤想獲得（der putativen Erwebung）と表現し、取得した後の所有に重点をおくときには誤想所有（possessio putativa）と表現している。

（12）ヴィンディッシュグレーツ伯爵（一七四四～一八〇二）が出した懸賞問題は次のようなものである。「いかなる二義的な解釈の余地もない契約方式はどのようなものか。所有の変更に関する論争が起こりえず、この方式で作成した権利証券については、いかなる訴訟もありえないような契約方式はどのようなものか」。伯爵はカントの友人で、死刑と拷問に反対する論文や、『法と自然宗教の社会的な秩序の形而上学的な原則』（一七九〇年）などの著作がある。

（13）「共和的」という概念は次ページで定義されている。解説で詳しく考察しておいたが、一般には共和的《レプブリック》という語は君主制に対立する概念として使われているが、アメリカの独立以降、君主の存在そのものよりも、民主的な政治体制を採用しているかどうかで、共和制かどうかが判断されるようになった。ただしカントは民主制は支配の形式による定義であり、共和制は統治の形式による定義であると区別しているので注意されたい。

（14）アイオーンとはギリシア語で、永遠、世代、時間などを意味する語である。ここではカントは人間よりも高次の理性的な存在者という意味で使っているから、キリスト教の天使やギリシアの民族宗教のダイモーンのようなものと考えてほしい。アイオーンを天と地を媒介するものと考えたのはグノーシス派である。

（15）伝統的に国家の分類においてはプラトン以来、支配の形式に注目して、君主制、貴族制、民主制とその堕落形態が考察されてきた。この問題については解説を参照してほしい。

（16）マレ・デュ・パン（一七四九〜一八〇〇）はフランスの政治記者で、『フランス革命の原因とその持続の原因』の著者。一七九四年にこの著書はドイツ語に訳して出版された。

（17）スウィフトの『桶物語』の言葉。すこしわかりにくいが、この文は同語反復《トートロジー》なので、

「善き統治」についての実質的な考察はまったくなく、虫くいのクルミのように空しいものだということだろう。

（18）フーゴー・グロティウス（一五八三〜一六四五）はオランダの法学者。主著は『戦争と平和の法』。一七〜一八世紀はヨーロッパで国際法の概念が展開された時代で、グロティウスは国際法の父と呼ばれる。サムエル・プーフェンドルフ（一六三二〜九四）はドイツの法学者。『自然法と万民法論』で、自然法を基礎とした国際法の概念を確立した。エーメリッヒ・ド・ヴァッテル（一七一四〜六七）はスイスの法学者。主著は『国際法』で、グロティウス派の理論を展開したが、とくに内政不干渉の原則を強調した。これらの国際法はどれも実効力に欠けるという問題があった。この項は『国際法辞典』（鹿島出版会）を参考にしている。

（19）「ヨブ記」のヨブの言葉。サタンのために苦境に置かれて試練を与えられたヨブを慰めに三人の友人がやってくるが、ヨブには慰めの言葉はわずらわしいだけにすぎない。「そんなことを聞くのはもうたくさんだ。あなたたちは皆、慰める振りをして苦しめる」（「ヨブ記」一六章二節）。

（20）紀元前三九〇年にガリア人がローマを攻撃し、ほぼ全市が占領された。暑さと飢えに苦しむローマの兵士たちは賠償金を払ってガリアの軍に撤退を依頼した。その時にガリア側は金を計る秤に細工をして、多めに金を奪おうとした。これに不満を唱えたローマ軍側にガリアの王ブレヌスは「征服されし者は哀れなるかな」とつぶやいたのである（リウィウス『ローマ建国史』第五巻四八章）。なお後掲の訳注（39）も参照されたい。

（21）平和連盟（foedus pacificum）と和平条約（pactum pacis）の違いは明確だが、カントが国際的な連合や国家についてラテン語で明確な用語を示していないために、ときにわかりにくくなることがある。第二確定条項の最初のところで、国際的な連合（Völkerbund）は国際国家（Völkerstaat）であってはならないとされている（本書一七五〜一七六ページ）。民族の複数性が前提とされた和平条約だからである。ところが後文（一八三ページ）で、すべての民族を統合した国際国家（civitas gentium）が必然的なものとして提示されている。一方二〇七〜二〇八ページでは、民族の複数性を維持して、世界王国（Universalmonarchie）の樹立を防ぐのは自然の摂理であり、世界王国の専制的な支配は、「自由の墓場」と語られているのである。

（22）ウェルギリウス『アエネーイス』一巻。戦争の時代が終わり、アウグストゥスの平和の時代の訪れとともに、血で血を洗う争いはなくなり、戦争のあいだは開かれているヤーヌスの門が閉ざされ、狂乱は門のうちで叫ぶだけになるというウェルギリウスの願いを描いた部分。該当部分を邦訳から引用しておく。「鉄のよそおいいかめしく、閂《かんぬき》かたき〝戦い〟の、門もようやく閉ざされて、神をおそれぬ〝狂乱〟の、神はそれまで兇暴に、武器をふまえて門の中、深く坐してはいたにせよ、今やその手は青銅の、百の結びに背中にて、いましめられてひたすらに、血の口あけて吠えむのみ」『アエネーイス』上巻（泉井久之助訳、岩波文庫、三六ページ）。

(23) 旧約の神は、メソポタミアのほかの地域の神々と違って、軍隊の指導者として描かれることは少ない。ただし「詩編」にはダビデの祈りとして、こうした表現がみられる。たとえば「万軍の主、わたしの神よ、あなたに望みをおく人々がわたしを恥としませんように」（「詩編」六九章六節）。

(24) バルバリアは現在の北アフリカのマグレブ諸国の旧称。チュニスやアルジェなどの港を基地としたイスラームの貿易船団は、ヨーロッパの船を略奪したので、バルバリアの海賊と呼ばれた。もともとは一四世紀から一九世紀まで西地中海で活躍したオスマン帝国の海軍を、ヨーロッパで差別的に呼んだ名前である。イギリスやオランダの海軍も、公海上で海賊に近いふるまいをすることもあったのである。

(25) 砂糖列島は、カントの時代における西インド諸島の呼び名である。砂糖はアラビアで生産されていたが、十字軍がエルサレムを征服した際に、ヨーロッパに製糖技術が伝えられた。イギリスは西インド諸島などで奴隷を酷使しながら、砂糖を生産した。なお前ページの香料諸島はインドネシアのモルッカ諸島で、クローヴなどの香料の産地として、スペイン、ポルトガル、ベルギーに占領された。

(26) コンクス・オムパクスをめぐるこの長い注は、カントがその頃から始めていた地理学の講義に関連したものらしい。ゲオルギウス(一七一一〜九七)はアウグスティヌス派の修道士で、チベット文字についての書物を刊行している。この書物ではベネディクト会の修道士のラ・クローズや、チベットで宣教したホラティウス神父の説を引用しながら、この語について考察している。

(27) イカロスはギリシア神話の人物で、クレタの王ミノスの命令でクレタ島に迷宮を作ったダイダロスの息子。テセウスがアリアドネの手引きで迷宮から外にでることができたため、王はダイダロスと息子を幽閉する。そこから脱出するためにダイダロスは翼を作って、息子とともに脱出しようとした。父は息子のイカロスに、高く飛ぶと太陽の熱で翼の膠が溶けるので高く飛ばないように命じたが、イカロスは「父の命を無にして、夢中になってしだいしだいに高く飛んだ」（アポロドーロス『ギリシア神話』高津春繁訳、岩波文庫、一七五ページ）。そして翼の膠が溶け、イカロスは海に墜落して死ぬのである。

（28）摂理（providentia）をめぐる一連の用語はラテン語の表記がつけられている。創始者の摂理（providentia conditrix）、支配者の摂理（providentia gubernatrix）、指導者の摂理（providentia directrix）である。なお「異例なる指図」はdirectio extraordinariaであり、本書一九一ページの「諸物を巧みに創造する自然」はnatura daedala rerumである。アウグスティヌスの言葉はラテン語でsemel iussit, semper parentと引用されている。アカデミー版の注釈によると、アウグスティヌスのテクストにはこの格言はみつからないという。ただしアウグスティヌスは意志論においては、身体は意志の命令につねにしたがうことを指摘していた。アカデミー版の注は、セネカの「命じればつねにしたがう」（『神慮について』c5）をあげている。

（29）ここでカントは「グリュプスを馬とかけあわせる」（gryphes iungere equis）という表現を使っている。ラテン語ではこれは「いまはハゲタカが馬とかけあわされる」（junguntur jam grypes equis）という格言として、不可能なことを指すことわざになっているが、カントはここで二つの種の生き物をかけあわせることができないことを主張したいわけではない。馬だけでは足りなくて、ギリシア神話の動物であるグリュプスの翼を馬に与えるようなことは、神の摂理には無意味であることを強調したいのである。

(30) この「単独の原因は助力しない」(causa solitaria non iuvat) は文脈から切り離されて引用されているためにわかりにくい。カントは当時の代表的な哲学者・美学者であったバウムガルテンの『形而上学』からこの文を引用している。バウムガルテンは「単独の原因」(causa solitaria) を「補助的な原因」(causa auxiliaris) と対比して考える。補助的な原因は主となる原因を「助力する」ものであるが、主となる単独の原因は、他の原因を「助力する」ことはないのである。ここでは神の原因が主となる単独の原因であれば、それが医者の才能などを「助力」することはないと指摘されているのである。

(31) オスチャーク人は西シベリアの狩猟漁労民で、現在はハンティと呼ばれる。オビ川沿いの森林地帯に住み、オビ川での漁労と森林での狩猟を生業《なりわい》とするが、サモイエード人のネネツ族の影響で、トナカイも飼育する。サモイエード人は北サモイエード語族と南サモイエード語族に分かれる。北サモイエード語族には、北極海沿岸のツンドラ地帯に住むネネツ族などがあり、ツンドラやタイガでの狩猟と漁労を生業とする。ネネツ族はトナカイの飼育で有名である (この項目は『文化人類学事典』弘文堂による)。

（32）ノアの血の戒めは、「ただし、肉は命である血を含んだまま食べてはならない。また、あなたたちの命である血が流された場合、わたしは賠償を要求する。……人間どうしの血については、人間から人間の命を賠償として要求する。人の血を流す者は、人によって自分の血を流される。人は神にかたどって造られたからだ」（「創世記」九章四節〜六節）と語られている。「神に立ち帰る異邦人」に求めるべき戒めは、「ただ、偶像に供えて汚れた肉と、みだらな行いと、絞め殺した動物の肉と、血とを避けるようにと、手紙を書くべきです」（「使徒言行録」一五章二〇節）とある。二一章二五節もほぼ同内容である。

（33）フエゴ島は南アメリカの南端にある島で、チリ領とアルゼンチン領に分かれる。シベリアにいた先住民はベーリング海峡を越えてアメリカ各地に分散して定住したが、もっとも遠くまでたどりついたのがオナ、ヤーガン、アルカルフなどの民族である。ペシュレはこの直前に世界周遊を企てたブーガンヴィルがこのアラカルフ族を呼んでつけた名称である。この地の人々は外国人をみると、異国人という意味のpektewéを繰り返したため、これをこの民族の呼び名に使ったという。「なぜなら、それが、彼らが我々に近づきながら口にした最初の言葉であったし、彼らが我々に向かってたえずそれを繰り返したからである」(ブーガンヴィル『世界周航記』山本淳一訳、岩波書店、一四九ページ)。この書物の刊行は一七七一年である。この書物でブーガンヴィルはペシュレ人が自然状態に近い社会を形成しながら、すでに悪徳が忍び込んでいることを指摘している。

(34)オビ川は西シベリアを流れて北極海に注ぐ大河。カントは北極海のことを「氷の海岸」と呼んでいる。この川の源流は中国とモンゴルの国境近くのアルタイ山脈までさかのぼる。流域では小麦の生産が盛んだが、工業活動も展開されている。エニセイ川はシベリア中央部を北流し、カラ海のエニセイ湾に注ぐ大河。沿岸では木材、石炭、石墨、鉄、非鉄金属、金などを産し、それらの輸送に河水が利用されている。とくに木材の流送が全輸送量の半分以上を占める。レナ川は東シベリアを流れて北極海に注ぐ川。サハ共和国の主要な交通路である。流域は豊富な地下資源に恵まれており、金、ダイヤモンド、銅などが産出される。なおこの訳注は小学館の『スーパー・ニッポニカ』によっている。

(35)セネカ『道徳書簡集』一〇七の一一。カントはラテン語でfata volentem ducunt, nolentem trahuntと引用している。

(36)ここで傾向と訳した語はカント哲学では傾向性(Neigung)という概念として構築されている。この傾向性という概念はカントでは両義的である。人々は善をなす自然な「傾き」をそなえていることが多い。道徳性は自然な感情に依拠するというのが、当時のイギリスの道徳哲学の主流だったのだ。しかしカントは道徳は感情ではなく、善き意志のもとでのみ実現すると考えていた。そして人々が自己愛のために、道徳性とは異なるみずからの傾きに従う場合には、悪につながる可能性がある。しかし善をなそうとする自然の傾向そのものは善であり、ほんらいの道徳性を支えるものでもある。カントは国家の設立をめぐるこの考察でも、傾向性の両義性を指摘する。利己的な傾向性のために、道徳を実現すべき最善の体制である共和制の成立が困難になる。しかし同時に、人間が利己的な傾向性をもつために、善き市民となり、国家を形成せざるをえないことを指摘しているのである。

(37) F・ブーテルヴェク（一七六六～一八二八）はドイツのゲッチンゲン大学の哲学教授。カントの文通相手だった。出典は不明。

(38) この秘密条項の否定については、カントがこの書物を刊行する半年前に締結されたフランスとプロイセンのバーゼル条約への暗黙的な批判が考えられる。フランス革命はナポレオンの登場とともに、「解放戦争」という名の戦争につながることになり、フランス以外の諸国は対仏同盟を締結して、これに対抗しようとした。しかし一七九五年四月にプロイセンはフランスとバーゼル条約を締結して単独講和を結ぶ。この講和条約には、ライン川左岸のフランス占有地域について、条約の本文とは反対の規定を秘密条項として含んでおり、そのためにフランスはプロイセンと再び戦火を交えるようになるのである（これについては『ドイツ史』第二巻、山川出版社、一二七ページを参照されたい）。ただしカントがこの論考でこの秘密条項を掲げたのは、ブラックユーモアである。発言の自由を認めよ、哲学者の発言に耳を傾けよと国家に要求しているだけだからであり、秘密条項という性質のものでもないのである。

（39）訳注（20）で示したように、ローマの兵士たちはガリアの軍隊に撤退のための賠償金として一〇〇〇ポンドの金を差しだしたが、ガリア側は正しくない重りの秤を使っていたので、一〇〇〇ポンドの金が一〇〇〇ポンドの重りと釣り合わなかった。ローマ軍側が不満の声をあげるとガリアの王ブレヌスが「征服されし者は哀れなるかな」といって、自分の剣を秤の皿にのせて、釣り合わせたのだった（リウィウス『ローマ建国史』第五巻四八章）。

（40）医学、神学、法学という三つの部門に比較して、低い地位にあるとみられた哲学を弁護したのが、カントの『諸学部の争い』（一七九八年）である。

(41)「何人もその力以上に義務を負わず」(ultra posse nemo obligatur) は、ローマ法の法諺。『ローマ法学説集』五〇巻一七・一七・一八五 (『ギリシア・ラテン引用語辞典』、岩波書店による)。

(42)「怜悧」というのは、カントの実践哲学における重要な概念である。道徳の原則は、だれにでも普遍性に該当する客観的な命令 (定言命法と呼ぶ) として定められているために、必然的なものであり、人間はそれにしたがわねばならない。しかし怜悧の原則は、ある目的を実現するためにはどうすればよいかを教えるものであり、必然的なものではない。たとえば「嘘をつくな」という定言命法は普遍的であるが、嘘をつかないですむようにするにはどうすればよいかを教えるのは怜悧の原則である。

(43)「わたしはあなたがたを遣わす。それは、狼の群れに羊を送り込むようなものだ。だから、蛇のように賢く、鳩のように素直になりなさい」(「マタイによる福音書」一〇章一六節)。

(44) ここでカントが示した原則はラテン語の格言として採用されているものである。第一の原則「実行してから弁明せよ」(fac et excusa) は「なせ、しかして許せよ」とも訳される。第二の原則は「実行したとしても、それを否定せよ」(si fecisti, nega) である。第三の「分割して統治せよ」(divide et impera) はルイ一一世の言葉とされる (前掲の『ギリシア・ラテン引用語辞典』による)。

(45) この主観的な原則 (格律と呼ぶ。格率と書かれることも多い) を普遍的な法則とする意志に基づいて行動せよというのは、カントが実践哲学で示した定言命法の一つの表現方法である。定言命法とは、経験的な目的の実現を目指す仮言的な命令とは異なり、いかなる目的なしでも客観的に必然的なものとして、だれもが認める命令である。この命令の重要な特徴は、それを否定することが自己矛盾をもたらすことである。「人を殺してはならない」という命令は定言命法である。それをテストするには、すべての人がこの命法に違反する状態を想像してみればよい。この命法にしたがわない人も殺されることになり、ただちに社会は崩壊するだろう。カントのこの定言命法の表現形式は、『実践理性批判』では「汝の意志の格律が、つねに同時に普遍的な立法の原理とみなされるように行動せよ」と表現された。これは「唯一の断言的な定言命法」(『人倫の形而上学の基礎づけ』) であり、この原理的な定言命法がここで採用されているわけである。この定言命法はさらに、「汝は汝の人格ならびにあらゆる他人の人格における人間性をつねに同時に目的として使用し、決して手段としてのみ使用しないように行動せよ」(同書) という目的性の原理としても表現されている。

(46) この法諺「正義はなされよ、世界が滅ぶとも」(fiat iustitia et pereat mundus) は、ドイツ皇帝フェルディナンド一世の言葉とされている(前掲の『ギリシア・ラテン引用語辞典』による)。アウグスティヌスの「権利はなされよ、世界は滅びよ」(fiat jus pereat mundus) にならったものとおもわれる。

(47)「汝は災いに屈せずに、さらに大胆に進むがよい」(tu ne cede malis, sed contra audentior ito) はウェルギリウス『アエネーイス』六巻九五行。該当箇所を引用しておく。「されど汝は逆運に、決してたじろぐことなかれ、むしろ運命打ちこえて、より大胆に進むべし」(ウェルギリウス『アエネーイス』上巻、岩波文庫、前掲書三五五ページ)。

(48) 人間の世界における悪の存在と善なる神という理念の矛盾を考察し、神を弁護する議論は弁神論と呼ばれる。カントがここで想定しているのも、ライプニッツの『弁神論』で展開されたこうした議論である。カントは初期にはライプニッツと同じような立場にたっていたが、批判哲学を確立した後は、創造主である神という「最高の力」について、人間の理性で判断することは「許されていない」という見解に変わった。『たんなる理性の限界内における宗教』でも、悪の問題がさらに詳細に議論されることになる。ただしカントが次の文で指摘しているように、道徳的な定言命法の「実在性」を信じることができなければ、人間の悪は弁護することのできない性質のものとなってしまうと考えていた。人間の悪の起源とその性質については、「人類の歴史の憶測的な起源」とともに、いまなお考えるべき重要な問題がある。

(49) ここで「成立の条件を示す」と訳したところは、カントの用語では「超越論的な」(transzendental) と表現される。超越論的という概念は、カントが超越的 (transzendent) という概念との対比で提示した重要な概念である。超越的ということは、人間の経験を超えているものを示す。たとえば神の存在は超越的なものである。これにたいして超越論的なという概念は、人間の認識の可能性の条件にかかわるものであり、人間が個々の対象を認識することができるための条件を考察するのが超越論的なものである。『純粋理性批判』の有名な定義によると「対象そのものではなく、対象一般についての人間のアプリオリな概念にかかわるすべての認識」が超越論的なものである。ここでは個々の公法ではなく、公法一般が可能となる条件を作りだす概念を「公法の超越論的な概念」と呼んでいるので、本文のように訳している。

(50) クリスティアン・ガルヴェ (一七四二〜九八) はライプツィヒ大学の哲学教授。アカデミー版の注によると、この論文の正式なタイトルは「道徳と政治の結びつきについて。あるいは私生活の道徳を国家の統治の際に遵守することは、どこまで可能であるかという問題についての考察」である。

カント年譜

一七二四年

東プロイセンの首都ケーニヒスベルクに生まれる。今ではロシア共和国のカリーニングラードと呼ばれる土地であるが、当時はプロイセンの文化的な中心都市であるとともに、隣国ロシアからも強い影響をうけていた。一七五八年、カントが三四歳のときにはロシア軍がこの地を占領し、カントはロシアの将校たちと交際している。

一七四〇年　一六歳

ケーニヒスベルク大学に入学。この年、フリードリヒ二世がプロイセン国王に即位している。フリードリヒ大王の時代の始まりである。オーストリア継承戦争が始まった年でもある。

一七四九年　二五歳

処女作『活力の真の測定に関する考察』を刊行。これは運動の速度を運動量とするデカルトの力学と、仕事量とするライプニッツの力学が激しい論争を展開していた「活力論争」に参加した著作である。この著作は、カントがライプニッツ（ならびにライプニッツ哲学をドイツでわかりやすく説いたヴォルフ）哲学の大きな影響下にあったこと、当時は哲学の問題と力学の問題が不可分な形で考察されていたことを示すものとして興味深い。カントの哲学は、当時のドイツでライプニッツ哲学を展開していたヴォルフとバウムガルテンの哲学の世界のうちから登場しながら、近代哲学を一新する視野を開いたのである。

一七八一年　五七歳

『純粋理性批判』刊行。処女作から本書の刊行までは、カントの「前批判期」と呼ばれる。三三年間にもわたるこの前批判期には、『神の現存在の論証の唯一可能な証明根拠』『美と崇高の感情に関する考察』など、批判期以降とつながる多数の著作を刊行しているが、人間の認識の条件について考察した本書をもって、カントの名声は確固としたものとなった。カントがライプニッツの哲学を乗り越えた著作でもある。

一七八三年　五九歳

『将来の形而上学のためのプロレゴーメナ』刊行。『純粋理性批判』が難解だと批判されたために、その内容と著作の目論見をわかりやすく解説するために刊行した書物である。前著よりもはるかに短くなっているが、わかりやすくなっているかどうかは別である。

一七八四年　六〇歳

この年には、カントの歴史哲学と政治哲学の重要な二つの著作が発表された。「啓蒙とは何か」(一二月)と、「世界市民という視点からみた普遍史の理念」である。弟子のヘルダーの『人類史の哲学の構想』の刊行に刺激されたところもあるが、普遍的な人類史を考察しようとするのは、啓蒙の時代の一つの風潮でもあった。なおヘルダーが著作の第二版でカントの「世界市民という視点からみた普遍史の理念」を批判したために、カントは翌年、ヘルダーのこの著作について長い書評を発表することになる。

一七八五年　六一歳

カントの倫理学の最初の構想である『人倫の形而上学の基礎づけ』が刊行された。カントの定言命法が明確な形で表現された重要な書物である。

一七八六年　六二歳

「人類の歴史の憶測的な起源」を発表。歴史哲学だけではなく、自然科学を形而上学的に根拠づけようとした『自然科学の形而上学的原理』もこの年に刊行された。

一七八七年　六三歳

『純粋理性批判』の第二版を刊行。とくに前半部分を大きく書き替えており、テクストでは第一版をA版、第二版をB版として併記するのがつねになっている。

一七八八年　六四歳

『実践理性批判』刊行。第二批判とも呼ばれる本書は、人間は自然科学的な因果関係が支配する世界では自由に行動することはできないが、道徳という「実践理性」のもとでは、自由に行動しうることを示した重要作である。西洋の倫理学の歴史における屈指の重要な著作となる。

一七九〇年　六六歳

『判断力批判』刊行。第三批判とも呼ばれる本書は、人間の美的な判断と、自然における目的について考察したものである。ある意味では前の二つの批判の枠組みを乗り越えようとした重要な著作である。

一七九三年　六九歳

『たんなる理性の限界内における宗教』刊行。カントは『実践理性批判』では、キリスト教という宗教ではなく、人間に普遍的な理性と道徳的な原理に基づく「理性宗教」だけを容認していたが、『宗教論』とも呼ばれる本書ではキリスト教のうちにも理性宗教と一致する部分があることを説いている。

この年にはさらに「理論と実践」という論文も発表された。冗長なところがあって本書には収録しなかったが、これもカントの歴史哲学と政治哲学を展開したものである。三部構成で、第一部ではガルヴェ批判の形で道徳について考察し、第二部ではホッブス批判の形で国内法について検討し、第三部ではメンデルスゾーン批判として国際法を論じている。

一七九四年　七〇歳

「万物の終焉」を発表。一七八六年にフリードリヒ大王が亡くなり、新王フリードリヒ・ヴィルヘルム二世が即位してから、新しい検閲法の施行など、思想活動に対する締めつけが強化されており、この著作のためにカントは実質的に宗教的な著作の刊行を禁じられる。

一七九五年　七一歳

『永遠平和のために』を刊行（一〇月）。四月にはプロイセンとフランスがバーゼルの和約を締結したばかりだった。

一七九七年　七三歳

『人倫の形而上学』刊行。カントの道徳哲学と法哲学の集大成である。

一七九八年　七四歳

カントの人間にたいする洞察が示された『人間学』が刊行される。カントは長年、大学で人間学の講義を行っており、り、非常に評判が高く、長く待ち望まれていた著作だった。さらに神学、法学、医学と哲学の地位の違いについて考察した『諸学部の争い』が刊行された。

一八〇四年　七九歳

二月一二日逝去。カントは死の直前まで、神と世界についての形而上学的な考察を展開するさまざまな文章を書き残している。しばしば重複することもあり、ときには日常生活のメモもまじるこの文章は、「遺稿集」（オープス・ポストゥムム）と呼ばれ、カントの講義の記録や多量の断章とともに、カントの遺産の大きさをうかがわせるものである。

解説──カントの思考のアクチュアリティ

中山　元

この解説では、カントの政治哲学が歴史哲学や道徳哲学とどのような結びつきをそなえていたかを中心に、グローバリゼーションの現代におけるカント哲学のアクチュアリティを明らかにしてゆきたい。第一章ではカントの政治哲学の基本的なスタンスを明らかにした「啓蒙とは何か」という論文について考察する。第二章では、カントの歴史哲学の原論ともいうべき「世界市民という視点からみた普遍史の理念」について詳細な分析を行った後に、人間の歴史の端緒を自由に考察した「人類の歴史の憶測的な起源」と歴史の終焉を考察した「万物の終焉」をとりあげる。第三章では、カントの政治哲学の枠である「永遠平和のために」を考察する。最後にカントの政治哲学、歴史哲学、道徳哲学の交わる場所について考えながら、カントの思考のアクチュアリティについて改めて検討しよう。

第一章　「啓蒙とは何か」

■啓蒙の概念

啓蒙という言葉は、「蒙（暗さ）を啓く（開く）」という日本語の意味からも明らかなように、一つの抽象的な概念である。カントの定義では、「みずから招いた未成年の状態から抜けでること」（本書一〇ページ。以下のページ数はいずれも本書のものである）ということだ。しかしこの概念は同時に歴史的な概念でもある。英語ではエンライトゥンメント、フランス語ではリュミエール、ドイツ語ではアウフクレールングと呼ばれるこの語は、大文字で書かれると、一八世紀の近代の初頭の時代を指す。どれも暗さと対比した「光」の意味を含んでいる。中世までの宗教的な「迷妄」から解放されて、人間が自律した理性を行使するようになった（と思われた）時代を指すのだ。

しかし中世は闇であり、近代は進歩と光であるという啓蒙の時代的な概念には大きな問題が含まれていた。そのことは人々を大量虐殺したファシズムによって、そして現代においても絶えることのない戦争状態によって、光の時代であるはずの近現代を深い闇が支配していることからも明らかになってきた。理性の自律を誇ったはずの啓蒙には深い逆説が含まれていたことは、もはやだれにも否定できないのだ。

それでも啓蒙の理念には否定することのできない明るさがある。ぼくたちが人間の理性の自律を否定してしまったら、それは自己矛盾に陥るのだ。理性の自律には限界があるとしても、そのことを判断するのはやはり理性の力だからだ。理性を理性の外部から否定することはできない。理性の限界と逆説は、理性的に批判し、分析する必要がある。理性の自律ということは、ぼくたちが自分の力で考えるということであり、その能力に対する信頼を失うことは、さらに深い闇へと落ち込むことだからだ。

カントの啓蒙の概念の重要性は、人間が自分の力で考えること、自分の知性を働かせて、疑問を抱き、疑問と思われるものを解明し、これまで知らなかったことを知る「勇気をもつ」ことを訴えたことにある。カントは哲学というものを学ぶことはできない、ただ哲学することを学べるだけだと語っていた(1)。ある一つの体系をなす真理のようなものを学ぶのが哲学であるのではなく、哲学的にものを考えることこそが、哲学の営みであると考えたのだ。そして哲学的に考えるというのは、まず自分の力で考えるということである。

■自分で考える

哲学の世界に限らず、学問の世界にはそれまで構築されてきた巨大な学問体系が成立している。学問の成果は書物に記されている。体系を学び取るには、書物を読めばよい。そして書物に書かれてあることを暗誦すれば、それで哲学をしたつもりになれる[2]。しかしそれでよいのだろうか。

書物に書かれてあることは、学問的な伝統に依拠した確固とした土台にのっているようにみえる。信仰については、神学者は千数百年の教義と解釈の歴史を積んでいる。医学の世界でも、立派な治療法や食餌療法が確立されている。こうしたものの伝統とその真理は疑いえないもののように人々を威圧する。しかしもしも人々がこれを真理としてありがたく尊重するとしたら、そのとき「考えるという仕事」は姿を消してしまう。

そもそも大人が真理として示すものを批判せずにそのまま信じ込むというのは、「未成年」の兆候ではないだろうか。たとえしっかりつかまる「手すり」のようなものがないとしても、まず自分の頭で考えるという営みをしなければ、ぼくたちはだれも「大人」となることができないのではないだろうか。自分で考える、それが何よりも啓蒙の精神なのだ。

そしてカントは、公衆のうちにも、少数ながらみずから考える勇気のある人々がいること、そして人々に発言の自由を与えさえすれば、だれもが自分の頭で考えるようになるのは「避けられない」（一三ページ）ことだと考える。そして自分の頭で考えるということ、それこそが哲学するということである。

■哲学者の役割

この啓蒙の営みは、ただ「未成年」者の問題であるだけではない。カントは当時のアンシャン・レジームのヨーロッパ、とくにドイツのありかたを見据えながら、未成年者を「後見」する役割を任じている人々もまた、別の意味で啓蒙の課題に直面しているはずだと考える。後見人は人々を「家畜」のように、飼い慣らす。危険な狼に出会わないように、危険な場所にさまよってゆかないように、慎重に配慮するのだ。そしてそのためには人々に自分の頭で考えることを禁じようとする。

この時代に自分の頭で考えることは、ときには危険が待ち構えていたのはたしかである。たとえばイエスの地位について自分で考えることは、異端に陥る可能性に直面することであり、それが生命にかかわる危険であったことは、多くの異端審問、魔女裁判などが教えてくれるとおりである。カルロ・ギンズブルグ『チーズとうじ虫』は一六世紀に「自分の頭で考えた」一人の粉屋の運命をまざまざと描きだしている。(3)

だから人々は、信仰については聖職者に、医学については医者に、学問については学者に頼るのが一番安全だということになる。しかし公衆がこのように自分の足で歩くのではなく、手すりに頼って、歩行器に頼っていたのでは、社会の進歩というものは訪れないとカントは考える。

その責任は哲学者にもある。哲学者たちが人々に自分の頭で考える営みをさせずに、哲学の理論や真理の体系を教えることをつとめとしている限り、人々はいつまでも未成年であり、人から教えられたものを信じ込むだけだろう。いくら立派な体系でも、人から与えられた体系を信じている人々は、未成年なのである。だから後見人を自称する人々も、もはや外から知識や真理を与えることを任務とするのではなく、人々に自分の頭で考えることの重要性を教えるべきなのだ。それこそが人々が進歩するための真のきっかけを作りだすことになるからだ。

しかしカントはここで奇妙な逆説を指摘している。これまでの哲学者たちは、人々に自分で考えさせず、あらかじめ定められた「真理」を教えることを任務としてきた。これは人々にある「先入観」を植えつけることである。そしていまや人々は、自分の頭で考えることを嫌い、自分で考えることを奨励する哲学者たちを非難するまでにいたるのである。このプロセスは、プラトンの洞窟の比喩を思いださせる。外にでて真理をみつめてきた哲学者は、洞窟にもどって仲間たちに真理を伝えようとするが、明るい場所から戻ってきたために暗闇に目がなれず、仲間たちよりもよくみることができない。そして暗がりの中で躓いてしまうほどなのだ。そんな哲学者の言葉に仲間たちは信を置かず、反対に嘲笑するだけなのである。

■この論文の新しさ

この逆説は、カントが当時従事していた宗教批判の困難さを象徴するかのようである。だから「啓蒙とは何か」というこの論文は、カントにとって、哲学にとって、時代にとって二つの意味でアクチュアルな意味をもっていた。ひとつの新しさは、哲学の対象にかかわる新しさである。この論文は哲学の歴史においてほとんど初めて、哲学がその時代の意味を考えようとしたのである。デカルトは「考えるわたし」について考察した。この「わたし」は個別的なもののようにみえるが、じつは抽象的で普遍的なものであり、時代に左右されない。哲学とはこのように、時代とはかかわらない普遍的なものを目指すというのが、アリストテレス以来の哲学の基本的な信念の一つである。アリストテレスは、個別的なものではなく、普遍的なものを対象とするのが学問だと指摘しており、その伝統はキリスト教の西洋にもそのままうけつがれていたのである。

しかしこの論文にいたって、「いま・ここ」、具体的にはフランス革命直前の一七八四年におけるドイツのプロイセン王国という個別的な時代と場所におけるドイツの住民を対象として哲学の営みが行われるようになったのである。こうして哲学が真理の体系ではなく、人々の思考の営みの性質について、方法について問題にするようになったのである。このことは、とても新しいことなのだ。

第二の新しさは、哲学の主体にかかわるものである。伝統的に哲学は哲学者の孤独な営為であった。哲学などというものは、世間の人々には疎遠でやっかいな営みとされてきたのだった。しかしソクラテスの時代を除いて、哲学の歴史においてほとんど初めて、アカデミズムの学者ではなく、ごくふつうの人々が自力で思考することを求められたのである。人々は、哲学者が思考する対象としてではなく哲学する主体として登場することを求められたのである。

このことは、哲学者にとっても新しい意味をもたらすものであった。これまでは哲学者の思索の営みは、自己との対話であるか、世界について、人々について思索する営みであった。自己と対話を交わすとき、哲学者は世界を締めだして、自己と向きあう。一方で世界について、人々について思索するときには、思索する自己について問うことがない。哲学の思索の営みはいわば分裂していたのである。ところが人々が思索の主体となり、哲学者が時代について考察するようになるとともに、哲学者は思索する主体であると同時に、思索の対象ともなったのである。哲学者は思索する自己を他なる人々と同じ資格の存在として考察することを求められる。哲学する者が思索する人々の一人にすぎないとき、哲学者は思索する「われわれ」のうちの一人としての自己について思考することを求められる。フーコーが指摘するように(4)、このとき「〈われわれ〉こそがいま哲学者にとってみずからの考察の対象とな」ったのである。

■公的なものと私的なもの

このようにカントにとって何よりも重要なのは、公衆を啓蒙すること、人々にみずからの力で考えさせることだった。抑圧的な体制は革命で転覆することができる。しかし人々の思考方法が古いままであれば、自分の頭で考えることに習熟しなければ、抑圧的な体制を転覆した体制もまた、抑圧的なものになって終わるだけかもしれない。「革命を起こしても、ほんとうの意味で公衆の考え方を革新することはできないのだ。新たな先入観が生まれて、これが古い先入観ともども、大衆をひきまわす手綱として使われることになるだけ」（一四ページ）だからだ。

それでは公衆を啓蒙するにはどうすればよいだろうか。人々に自分の頭で考えよと強制するのは、愚かしい自己矛盾だろう。強制されて考えたのでは、自分で考えることにならないからだ。それにはどうすればよいか。カントは別の論考ではそのための教育の必要性を訴えているが、この論文では大衆に自由を与えること、とくに後見人である学者や哲学者に自由に発言させることで十分だと考えている。

そのためにも、後見人である学者には、理性の公的な利用を認めることが何よりも重要だと考える。ここでカントの「公的なもの」と「私的なもの」という概念は、日本の通例の考え方とは逆なので注意が必要だ。たとえば公共分野と民間分野という区別の背後には、人々の生活の全体を対象とする官庁などの組織は公的な機関であり、営利を目的とする民間企業は私的な組織であるという考え方が潜んでいる。「お上」という古くからの考え方を引き継いだものといえるだろう。

もちろん自社の利益を優先する民間企業が「私的な」組織という性格をおびていること、国民の全体の利益を考えるべき役所が「公的な」組織として機能すべきであることはたしかである。現代においては、こうした公私の区別があいまいになっていることは、大きな問題を引き起こしている。たとえばアメリカでは民間企業が監獄の管理を担当する例が増えており、イラクなどでも正式な軍隊よりも、元軍人を雇用したコンサルタント企業などが前線で戦っているような例がある。民間組織の行為であれば、公的な「説明責任」の対象とならないという抜け道を利用するのである。

しかしこうした国民国家の内部での公的なものと私的なものの区別とは別に、ヨーロッパでは古くからもっと広い公的な領域が確立され、大きな力をふるってきた伝統がある。ハーバーマスが詳しく示しているように、ヨーロッパには文芸の共和国の伝統があり、学者たちが作り出す公共的な領域が、個々の国家の範囲を越えた広い公共領域を作りだし、一八世紀からは「論議する公衆とこれをペース・メーカーとする市民的公共性」が、政府の公共性と対峙していたのである。[5] カントが示す公的なものと私的なものの区別は、こうした広い公共的な領域の伝統に依拠したものである。

学者たちは、国内で政府に雇用されている場合には、一つの個別の国家における役人として行動し、発言する必要がある。ここでは「自分の頭で考える」という能動性を発揮することには制限がある。政府の方針にしたがう必要があるからであり、統治のマシンの一つの歯車として「受動的に」（一五ページ）ふるまうことが求められる。牧師も、教会に雇われているときには、雇われた教会の正当な理論を会衆に伝えることが求められる。

しかし発言する場が、役所や教会ではなく、文芸的な共同体である場合には、事情が異なる。この場では発言する者も、発言を読む者も、一つの国の政策や戦略によって拘束をうけることはない。「世界市民社会」の一員として、世界全体のより善きありかたを目指して自由に議論を展開することができるのであり、それが義務でもあるのである。もしも学者に自由な発言を禁じたとするならば、それは啓蒙を否定する試みであり、「人間性に反するもの」とまでカントは強調する。たとえ国民が全体でそのことを禁じたとしても、それは一つの世代の国民が、後の世代の国民の啓蒙を遅らせることにしかすぎず、「人間性にたいする犯罪」（一九ページ）とでもいうべきものとなるのである。そして国民と学者たちだけではなく、君主の役割もまた、啓蒙が順調に進展するように配慮することにあるのである。

■自律した思考の原則

この「啓蒙とは何か」という文章は、カントが発言の自由という一点に焦点をしぼって、自律した思考の重要性を考察したものであった。そしてこの啓蒙という原則は、カントが重視した自律した思考の重要な原則の一つであり、その意味ではカントの政治哲学において、この論文のもつ意味はきわめて大きい。

ただしカントの提示した自律した思考の原則はこの一点に限られるわけではない。ほかにも二つの原則、二つの主観的な原則があるのである（この主観的な原則を格律と呼ぶ）。これについてもここでまとめて考えておこう。これらの三つの原則は、カントの政治哲学の重要な鍵となるからだ。

まず啓蒙の原則についてカントは『判断力批判』で「自分自身で考えること」（悟

性の格律）と言い換える。これは決して先入観をもたない思考の格律であり、「決して受動的にならない理性の格律[6]」である。受動的な理性のありかた、理性が自律ではなく、他律に頼ろうとする傾向こそが「先入観」と呼ばれるのである。

カントが重視したもう一つの格律は、「拡長された思考の格律」（判断力の格律）である。これはまず、独断論に陥らずに、他者の思考を柔軟にうけとめて、自分の思考の正しさと妥当性を再検討することである。その意味で「開かれている」のである。しかしそれだけではない。カントは他者から批判される以前から、「自分自身を他者の立場に置いてみる[7]」ことが必要不可欠だと考える。このように他者の視点から自分の思考について吟味することで、「自分の主観的、個人的条件のなかに窮屈にとじ込められ[8]」ずに、普遍的な立場に立つことができるのである。

第三の格律は、「首尾一貫した思考の格律」（理性の格律）である。これは思考が自己矛盾しないように配慮することであると同時に、第一の格律と第二の格律がつねに守られているかどうかを点検し、二つの格律を結びつけることでもある。自分の頭で考えることが、他者の思考を無視することにならないようにすること、他者の視点で考えることが、先入観を植えつけられたり、他者の思考をそのまま受容したりする結果にならないように配慮することでもある。

この第三の格律は、理性が自己自身と矛盾することを回避するための重要な原則である。カントは『純粋理性批判』の時代から、理性がみずからの能力を越えた場所にまで進み、二律背反《アンチノミー》に陥ること、思考の一貫性と整合性を失って、自己と矛盾することを防ぐ必要があることを強調していたのであり、このような事態は「理性のスキャンダル」(9)にほかならないと考えてきた。

政治哲学の文脈ではこの三つの格律のうちで、特に第二の格律が重要な意味をもつ。カントの道徳哲学は、主体の個人的な原則(格律)に依拠するものであるだけに、他者の問題はそれほど重要とはならない傾向があった。大切なのは道徳的に行動しようとする善き意志だからである(10)。しかし第二の格律が意味することは、思考するためには他者の視点がそもそも必要であるということである。それなしには思考というものが成立しないのである。人間が思考するのは、他者に考えた内容を伝達するためである。そして他者に思想を伝達するためには、他者の立場から考えることが必要なのである。完全な独語には、だれも耳を傾けようがないのである。アレントが指摘するように「我々は他者の立場から思考することができる場合にのみ、自分の考えを伝達することができる。さもなければ、他者に出会うこともなければ、他者が理解する仕方で話すこともないであろう[11]」。

このことは、他者の存在こそが人間が思考するための条件を構成しているということである。他者との交わりのうちでしか、思考は形成されないし、刺激もされないのである。文化と文明の発達において、他者はその可能性の条件を構築する重要な役割を果たしているのであり、この問題は次の論文「世界市民という視点からみた普遍史の理念」でさらに掘り下げられることになる。

第二章　カントの歴史哲学

■三つの歴史哲学論文

次にカントの三つの歴史哲学の論文をまとめて読んでみよう。まずカントは「世界市民という視点からみた普遍史の理念」という論文で、歴史哲学の原理論を提示する。カントは自分の歴史哲学を「普遍史」という名前で呼ぶ。これは啓蒙の時代の一つの特徴でもある。啓蒙の時代はすでに指摘したように、キリスト教という宗教からの離脱の時代、新しい夜明けの時代であり、それまでとは違って、人間が進歩するということが信じられた時代だった。カントのこの論文も、人間の進歩の可能性を前提としながら、さまざまな国の歴史ではなく、地球にすむ人間全体の普遍的な歴史を書こうとしたものである。この論文でカントは、人間が社会を形成し、国家としてまとまり、地球的な規模での連合を締結することができるし、そうすべきであることを原理的に考察するのである。

次の論文「人類の歴史の憶測的な起源」ではこの原理に基づいて、人間がいかにして社会を形成するようになったかという普遍史の原初状態とその推移を「憶測」に基づいて考察する。第三の論文「万物の終焉」では、人間の歴史が終焉を迎えるようになるという理論について、「ヨハネの黙示録」に依拠しながら、終末論的な考察を展開する。だからカントのこの三つの論文は、人間の歴史の原理、歴史の起源、そして歴史の終末を考察することで完結しているのである。

■歴史哲学の役割

ここで注目したいのは、カントの歴史哲学には、人間の実際の歴史的な考察に所属するところが欠如していることである。ヘーゲルは人間の歴史を絶対精神が自由を原理としてみずからを自覚するまでの歴史として記述した。一人だけしか自由でない東洋社会、一部の人々だけが自由であるギリシアとローマの時代、すべての人々が自由になるゲルマン社会、すなわち当時の西洋社会にいたるまでの歴史として、古代から現代（ナポレオン戦争の時代）にいたるまでを記述したのである。(12)

コジェーヴは、ヘーゲルの哲学の体系では、もはや絶対精神が実現され、歴史が終焉してしまっていると指摘したことがある。(13)ヘーゲルは最後まで同時代の政治的な動きから目を逸らさなかったが、哲学の理論としては、同時代において自由が十全に実現されることで、いわば歴史の目的が実現されたのであると考えたのはたしかだろう。

しかしカントはヘーゲルとは違って、歴史はまだまだ終焉してはいないと考える。人間の歴史を動かしている力によってこそ、未来において平和が実現され、倫理的な共同体が地上に成立することを確信していたからだ。そこに哲学者が「いま・ここ」でなす務めがあると考えたのである。「永遠平和のために」は、哲学者が現代にアクチュアルにかかわりながら、この最終的な目的を実現するために示した一つのプロジェクトだったのである。

こうしてカントの歴史哲学は、ひとつの政治的な課題の実現をめざす営みとして、カントの政治哲学と密接な結びつきをそなえているのである。

第一節　「世界市民という視点からみた普遍史の理念」

■自然の狡智

「世界市民という視点からみた普遍史の理念」の論文は、前書きと第一から第九までの九つの命題で構成される。前書きの部分ではカントは、人類の歴史という普遍史が成立するための二つの条件を提示している。第一は、人類の歴史には一つの規則性が存在しているということである。この規則性は、個人の次元ではみえてこないし、集団的な規模でもはっきりとしないことがある。カントは人間の出生、結婚、死亡の出来事と天候の周期的な変化をその実例としてとりあげる。個人としては結婚する年齢も死亡する年齢もさまざまであるが、人口統計学的な調査をしてみれば、国家単位で大きな規則性が存在するのはたしかである。

このことに注目したのが、イギリスの経済学者のウィリアム・ペティ（一六二三〜八七）であり、『政治算術』では人口統計学的な研究によって、国家の富の源泉が国民の人口にあることを提示した(14)。国家の富を貨幣ではなく国民とその生産力にあることを示したペティの視点は、労働力を価値の源泉としたマルクスにうけつがれるとともに、国家による国民支配の機構を重視する生の政治学の理論にもつながるのである。当時のドイツではすでに、国民の福祉と治安を改善し、生活を統制することで生産力を高めることをめざすポリツァイの理論が誕生しつつあった。

しかしカントはこの規則性から労働力や生産力の改善という方策を提示するのではなく、そこに自然の意図をみいだすのである。歴史を調べてみると、人間は利己心に動かされ、隣人や隣国と争い、愚かしさを発揮する場面ばかりが目につく。歴史の舞台を眺めていると、そこに理性的で「人間に固有の意図」(三四ページ)などは存在していないようにみえる。そもそも人間が理性的であるかどうかまでが疑わしくなるほどだとカントは述懐している。

それでもカントは、人間が固有の意図をもっていなくても、利己的に行動しながらも、歴史のうちで自由を実現するために、知らず知らずのうちに「自然の意図」を実現すべく行動しているのではないだろうかと考える。そしてニュートンが重力の法則を発見したように、人間の歴史とその規則性のうちに、人間が理解せずにしたがっている「自然の意図」を解読することはできないかと考えるのである。アダム・スミスの「神の見えざる手」の仮説を思いださせるようなこの知られざる「自然の意図」の仮説こそが、カントが普遍史を書くための第二の条件である。この「導きの糸」(三四ページ)が存在しない場合には、人間の歴史は筋書きも結末もない一幕ものの演劇のようなものとなってしまうのである。

後にヘーゲルはこの概念をうけついで、「理性の狡智」という概念を提示する。人間は情熱にかられてたがいに闘争し、没落していく。しかし「普遍的理念」はその背後にあって、みずからの目的を実現するためにこれらの個人の情熱と闘争と没落を利用するのである。(15)

ヘーゲルはこの理性の狡智は神の摂理として解読できることを認めている。「この理性が最も具体的な表象の形にせられたものが神なので」あり、「神が世界を統治するのであって、その神の統治の内容、神の計画の遂行が世界史である」(16)のである。そしてカントの「自然の意図」もまた神の摂理であり、普遍史とはこの神の摂理が実現されるプロセスであると考えることもある。第二論文や第三論文ではとくにそうした読み方がはっきりと示されるようになる。

しかしカントはこの論文ではあくまでも、人間が意図せずに実現していく倫理的な共同体にいたる歴史を、人間の社会的な原理のうちから解読しようとしていく。カントの自然の概念については、別のところで掘り下げたいが、この論文での自然は、人間の出生や死亡のような自然的な現象の背後においてひそかに働いている原理のようなものと考えられている。

■個人の原理

カントはまず人間が自然において生物として生きながら、どのようにしてこの「意図」を実現するようになるかを三つの命題で考察する。最初の命題は、人間の素質の完全な展開についての信念である。その全体となるのが、「被造物のすべての自然的な素質は、いつかその目的にふさわしい形で完全に発達するように定められている」（第一命題、三五ページ）という前提である。

これはカントの信念にすぎないのだが、その背後には二つの伝統が考えられる。一つはアリストテレス以来の生物学的な器官の分析に依拠したものである。生物のさまざまな器官は、その目的を果たすために分化している。目は外部の世界をみるための器官として複雑で精密なメカニズムとなっている。生物のあらゆる器官は、それぞれに目的をそなえていて、それらが全体で生物の生存と成長という目的を満たしているのである。

そしてこうした器官に欠損が発生した場合には、その生物は他の部分でその機能を補足する。「かかる種類の被造物が損傷を蒙った場合には、自然の自己救済が行われる」[17]のである。時計の歯車が欠けた場合には、もはや時計は動かなくなるだろう。しかし生物では、ある目的のために形成された器官が失われると、他の器官がその目的を担おうとする。生物のいかなる器官も、他の器官を「産出する器官」[18]となることができるのである。

それだけではない。生物の世界全体が一つの有機的な目的連関のうちにあるかのようにみえる。植物はみずからの繁殖を目的として生存している。ウマゴヤシにとっては、生存と繁殖がみずからの「目的」である。しかしこの草は馬や牛にとっては、同じく自己を生存させ、繁殖させるための素材にすぎない[19]。そして馬や牛は、人間にとっては労働力として、あるいは食料の生産源としての素材にすぎない。生物連鎖は大きな目的論的な体系のうちにあるかのようにみえる。そしてその目的論的な体系の頂上にたつのが人間である。カントにとって人間は自然の「最終目的」なのである。

この命題の背後にある第二の思想的な伝統は、ルソーからうけつがれた人間の自然的な発展の思想である。ルソーは文明によって人間が毒されなければ、人間の素質は自然に発達すると考えていた。子供が成長していく段階でさまざまな情念が姿を現す。ルソーはその情念に「秩序と規則をあたえ」る仕事を自然にまかせるべきだと考える。「それが発達していく期間をひきのばして、あらわれてくるにつれて整理されていく余裕をあたえるがいい。こうすれば、それに秩序をあたえるのは人間ではなく、自然そのものであることになる[20]」。

そのためには子供を社会から隔離する必要も、森の中に戻す必要もない。「社会の渦のなかに巻きこまれていても、情念によっても人々の意見によってもひきずりまわされることがなければ、それでいい。自分の目でものを見、自分の心でものを感じればいい。自分の理性の権威のほかにはどんな権威にも支配されなければいいのだ[21]」。

カントはこのルソーの自然的な素質と理性の権威の結びつきについて、第三命題で理論を構築することになる。ルソーは理性の権威だけにしたがうことを説いたが、カントは第三命題では、そのことを〈自然の節約〉という愉快な概念で展開する。プロメテウスの神話のように、動物には牙や角などのさまざまな道具が与えられたが、人間はただ両手を使うだけである（三八ページ）。そして自然は人間が本能ではなく、理性を働かせることで「内的な思考が完璧なものとなり、これによって地上で可能なかぎりもっとも幸福な状態に高められることを望んだのである」（同）。

ただしそのためには一つの条件がある。それは人間が個人としてこの目的を実現することはできず、ただ類として、しかも「幸福を享受するのは、ずっと後の世代になってからであり、それまでの幾世代もの人々は、その意図はないとしても、この計画を進めるために働き続けるだけで、自分たちが準備した幸福のかけらも享受できないこと」（三九ページ）を甘受しなければならないのである。

これがそもそも第二命題の言おうとしたことだった。「理性の利用という自然の配置が完全に発展するのは、個人ではなく人類の次元において」（三六ページ）なのである。啓蒙は「いまここで」行うべき課題である。しかしその啓蒙が実現するまではまだ多くの世代、「無限につづく世代」がその課題を引き継ぐ必要があるのである。そして自然の「最終目的」であるはずの人間は、まだこの課題を実現することができていない。人間がこのように完全に発達した状態に到達すること、それこそが自然の

「究極の目的」なのである。この目的なしには、人間の歴史は「子供じみた遊戯」(三七ページ)にすぎないものとなり終えるだろう。

■非社交的な社交性

さてカントの普遍史の第二段階は、このような生物学的な条件を与えられた人間がどのようにして社会を形成していくかというプロセスを考察するものである。カントは人間がこうした素質を生かしてさらに進歩することができるように、自然が人間にある弁証法的な素質を与えておいたと考える。人間は社会的な動物であると同時に、社会性を否定して孤独になろうとする傾向があるのである。

カントはまず「人間には、集まって社会を形成しようとする傾向がそなわっている」ことを指摘する。「それは社会を形成してこそ、自分が人間であることを、そして自分の自然な素質が発展していくことを感じるからである」(四〇ページ)。カントはルソーから深い影響をうけたが、人間は最初から孤独ですごすのではなく、社会を形成して、集団の中で自分の素質を伸ばしていく必要があることを事実として前提する。

アリストテレスは人間をポリスのうちで生きる存在（ゾーオン・ポリティコン）と呼んだ。社会を形成しないで生きることができるのは、神であるか動物であるというのがギリシア以来の重要な視点であり、カントもこれを踏まえているといってよい。人間がそもそも人間となるためには、集団を形成している必要があるのである。これは「仲間のうちで完全な協調と満足と相互の愛」（四一ページ）を求める欲望である。

しかし人間は同時に反社会的な傾向をそなえている。(22) カントはこの反社会性を二つの側面から考察する。一つは人間が社会からひきこもり、孤独を求めようとすることである。人間は社会を破壊するのではないとしても、自己のうちに社会から退隠しようとする望みが存在しているのである。ここでカントはルソーと同意する。

そしてもう一つの反社会的な側面は、たんに孤独になるのではなく、他者を支配し、他者よりも優越しようとする欲望である。これは自分の力を発揮して名誉を獲得し、他者を支配し、富を所有しようとする欲望であり、「仲間のうちでひとかどの地位を獲得」（四二ページ）しようとする欲望である。

ルソーはこのような欲望が人間を道徳的に腐敗させたと考えた。原初の素朴な状態においては、人々は「自然の手だけによって飾られた美しい岸辺」(23) に暮らしていたが、人間はやがて邪悪なものとなり、みずからこの麗しい平和で平等な状態から抜けだしてしまう。やがて「すべての悪習は、才能の差別と徳の堕落によって人間のあいだに導き入れられた呪うべき不平等」から生まれたと考えたのである。

これにたいしてカントは、人間が牧歌的な状態から文化へと進歩するためには、この支配欲のようなものが不可欠だと考えるのである。これはルソーが指摘するように「悪」である。しかしこの悪は人間が道徳的な存在になるために不可欠なものとして、自然が人間のうちに植えつけておいたものである。悪の起源については、次の論文でさらに精密に考察されるが、人間の本性が悪であることは、社会的な進歩のために必須の条件である。自然の狡智は、人間の非社交的な社交性、あるいは社交的な非社交性という形で、人間の素質に埋めこまれているのである。

■市民的な体制

これはいわば自然状態のもとにある人間たちの集まりである。この状態ではホッブスの場合とは違って、すでに人間たちは家族を構成し、労働して財産を所有していると想定されている。しかしこれは個々の社会の成員が、たがいに他の成員の財産の所有を尊重するという形での「私法」の段階にすぎない。この段階では人間はあるものを「最初に占有したことに基づいて、他人はその物の使用を差し控えるべきであるという、それ以前には存在しなかった拘束性」[24]を他人に課す権利が認められるべきなのである。

しかしたんに各人に占有に基づく権利を認めるだけのこのような状態では、社会の進歩は望めない。そのことをカントは森林の比喩で説明する。自由に伸びることが許された樹木は、左右に大きく広がって枝を伸ばし、太陽の光を集めるだろう。そして枝は勝手に曲がるに違いない[25]。しかし多くの樹木が密集した林の中では、それぞれの樹木は太陽の光をあびるためには、他の樹木よりも高く成長しなければならない。この太陽の光をめぐる競争のうちでは、まっすぐに高く伸びた樹木が形成されるのである。

同じように人間たちも、多くの仲間に囲まれて暮らすならば、自分の利益を最大限にするために、みずからの力を鍛練し、みずからに規律を課して、すぐれた業績をあげようとするだろう。そこには美しい和合は欠けているかもしれないが、他の人々よりも優れた人間になろうとする真摯な努力のもとで、人間の社会は発展していくに違いない。

■支配者のパラドックス

問題なのは、この競争する社会においては、必ず利己的にふるまい、他人に害を与えてでも、自分の利益を確保しようとする人間が登場することだ。カントはホッブスと同じように、自然状態にあっては、万人が万人にとっては〈狼〉のような存在となる可能性を秘めていると考える。非社交的な社交性のために、人々はたがいに他者を害するのではなく、みずから卓越することで、他者よりも大きな利益をえようとすることが期待される。しかしこれは期待にすぎない。他者を害する行為が行われる可能性は否定できない。それは非社交的な社交性という原理そのものに含まれている可能性なのである。

だからすべての人間が社会のうちで他者に従属せず、自由に自分の利益を追求し、道徳的な存在となることができるためには、このように他者を害する行為を罰し、「各人の意志を砕いて、みずからの意志をすべての人に強制的に押しつけるひとりの支配者」（四六ページ）がいて、この支配者がすべての人を見張っていることが必要なのである。このように支配者が監視することで、すべての人が道徳的に行動することのできる市民的な体制の基礎が確立されるのである。

しかし問題なのは、この支配者もまた人間でなければならず、みずからの利益を優先する存在だということである。しかもこの人間が「正義の人間」として行動しなければならない。カントは人間がこのような支配者をみつけるのはほとんど不可能だと考える。すべての人間がすべての人間の支配者となる民主主義の体制は、カントは抑圧の体制だと考えるために、道徳的な社会はやはり一人の元首を必要とすることになる。カントはこの論文を書いた時点では、この困難な問題の解決を遠い将来の時点まで延期してしまう。この問題については、「永遠平和のために」の論文で新たな解決が模索されることになるだろう。

■戦争の逆説

さて、このような理想的な支配者がみつかり、市民的な体制が構築できたとしても、まだその社会の外部には他の諸国が存在する。地球にはさまざまな国家が存在し、この国家の間にはホッブスの〈万人は万人の狼〉という原則がいまだに通用しているのである。国家もまた他の国家にたいして、非社交的な社交性を発揮する。国家は他の諸国と協力することで、自国の利益を高めることができるが、他国を欺いてでも、自国の利益を図ることもあるのである。

この極限の状況が戦争である。戦争は他の国を軍事的に攻撃することで、自国の利益を確保しようとすることだ。当時のヨーロッパは、オーストリア継承戦争のような戦いが繰り返されていた。プロイセンも戦争と国際外交の陰謀の渦中にあって、さまざまな策略を展開する。フリードリヒ大王はヨーロッパでも異例なほどに強力な軍隊を設立した。父王フリードリヒ・ヴィルヘルムは軍隊に、外国の兵隊を高い給与で雇っていたために、多額の費用が必要となり、王みずからは貧しい生活に甘んじていたほどである(26)。

戦争の準備のために国民の生活は苦しくなる一方であり、戦役で国土は荒廃し、負債は巨額になる。カントは戦争の悲惨さを指摘すると同時に、このような一般的な貧困化のために諸国は連合に向かって進まざるをえなくなると指摘する。未開の人々が市民社会を構築せざるをえなかったのと同じように、「粗野な自由を放棄し、合法的な体制のもとで、平穏と安全を求めるしかないと、決意する」(五〇ページ)ことになるのである。

この戦争の逆説は、「人間の意図するものではなく、自然が意図するもの」（五〇ページ）である。自然は人間が戦争のうちに滅びるのではなく、世界市民状態を構築することを望んでいるに違いないというのは、カントの信念であり、願いでもあった。ルソーは人間が未開から文明に到達するとともに、不平等が生まれ、人間は堕落すると考えた。しかしカントは、人間が未開から文化に、文化から文明に、そして文明から道徳性の状態へと進歩することを信じていたのである。啓蒙はまさにこの進歩を進める原動力であり、その原理でもあった。

カントはさまざまな国家がこの理想的な状態に進展するために、ほかにもさまざまな要因が機能すると考えている。これらの要因について検討するのが第八命題である。まずカントはそれぞれの国が自国の文化を発展させることで、他の諸国にたいする威信を高めていることを指摘する。高度な文明を発達させた国にたいしては他の諸国が憧れを抱くのであり、これは現代においても変わりはない。

またこのように文明を発達させるためには、市民的な自由が守られていることが必要であり、抑圧的な国家では文明は萎縮するものである。自由はその国の名誉心を高めるために貢献することができるのである。さらにこうした市民的な自由が守られている国では、商業が発展し、他の諸国と密接な通商関係を維持するようになる。これがさまざまな国との友好的な関係の構築に貢献することになる。自由を制約すると商業的な活動が低迷し、他国との通商にも影響して、国力が低下する可能性があるのである。啓蒙の原則は、市民的な自由の確立と、商業的な発展と通商関係の維持のために役立つものである。

■世界市民状態へ

そしてさまざまな国がたがいに密接な通商関係のもとに置かれるようになると、一つの国が国内で抑圧的な体制を構築することは、他の諸国にとっても損害をもたらすようになり、こうした抑圧的な試みに干渉して、世界的な国家連盟の樹立を試みるようになるとカントは考える。

国家はやがて自然状態を克服して国際法による市民状態に移行するに違いないとカントは信じていた。真の意味での世界市民《コスモポリテース》の誕生は可能であるだけではなく、歴史の必須の流れであり、「世界市民状態」（五三ページ）が形成され、「人間のすべての素質が完全に展開される」（五五～五六ページ）ことこそが自然の目的であり、摂理であるとカントは強調するのである。

この状態においては、カントは人間がその根源的な素質を展開することができると書いているだけである。ここでは自然の目的論が歴史哲学の考察と重ねられているにすぎないようにみえる。しかしカントが「永遠平和のために」で考察を展開しているように、この自然の目的論は、カントの倫理思想と分かちがたい関係にある。自然の目的論を展開した『判断力批判』の第二部と、歴史哲学的な考察と、『実践理性批判』で示された人間の道徳性の考察は、歴史の目的と終焉において、ぴったりと重なるのである。歴史哲学的な考察からも、自然の目的についての考察からも、人間の道徳性についての考察からも、ある一つの最終状態が展望できるのであり、この最終状態において人間は完全な存在となるはずなのである。

これでカントの歴史哲学の枠組みは定められたことになる。カントはこの基本的な枠組みを最後まで維持するのであるが、歴史哲学の試みとしてはあと二つ、人間の歴史の端緒と終焉について考察しようとする。どちらも歴史記述をめざしたものではなく、「世界市民という視点からみた普遍史の理念」で素描された人間の歴史の考察を補うものとして展開されるものである。人間の起源をめぐる考察は、『旧約聖書』に依拠した「漫遊」であり、歴史の終焉をめぐる考察は、人間の道徳性に基づいた理念の展開にほかならない。カントの真の歴史的な考察は、「永遠平和のために」において本格的に展開されることになるのである。

第二節　「人類の歴史の憶測的な起源」

■善悪の認識

「人類の歴史の憶測的な起源」では、人間が歴史的な存在となるまでのプロセスをきわめて弁証法的に展開してみせる。カントは聖書というテクストに依拠しながら、人間の自由について、悪について、深遠な考察をくりひろげるのである。

まずカントは人間の原初的な状態を想定する。原初の人間が存在するとすれば、母親に育てられる必要がない成年でなければならない（子供を想定すると、すでに成年になっている母親という人間をさらに考察する必要があり、無限に遡行することになるからだ）。そして夫婦であり、子孫を繁殖する能力をそなえている必要がある。この夫婦はただ一組である。複数のペアが存在すると、戦争が始まるからである。この夫婦はすでに粗野な状態ではなく、生産の技術をそなえた存在である。しかし貧窮の中にあるのではなく、温暖な〈園〉に居住している。すでに立って歩むことができ、話し、議論し、会話することができる。そして本能として神の声の定めにしたがって生きていた。これがカントの想定する人間の原初状態である。

人間はこの状態に甘んじていたら、牧歌的な生活のうちで暮らしつづけていたに違いないし、いかなる進歩もありえなかったに違いない。カントは「世界市民という視点からみた普遍史の理念」では、複数の人間による共同体が存立していて、その内部で非社交的な社交性の力によって人間が進歩するようになると想定していた。しかしこの論文では、こうした複数の共同体が成立する原史のようなものをさらにさかのぼって考察しようとするのである。

人間が牧歌的な状態から抜けだすためには、このような〈園〉の肯定的な状態を否定する力が働く必要があるとカントは考える。人間は原初的な存在としては善なる存在であるが、この善なる存在に安住している場合には、人間にはいかなる進歩もなく、人間がその根源的な素質を全面的に開花させるという〈自然の意図〉も実現されないに違いない。だから人間は善から抜けでて悪へと歩を進める必要があるのである。

これは道徳的には善から悪へと堕落することを意味する。しかしこれが人間の歴史であり、自然の意図を実現するプロセスでもある。「自然の歴史は善から始まる。それは神の業だからである。しかし自由の歴史は悪から始まる。それは人間の業だからである」（八五ページ）。この悪という否定的な力は、カントによるといくつかの反自然性を契機として人間を社会の形成へと、そして自然の意図の実現へと歩ませるのである。人間は自然に反することで、神のもとから離れ、悪を行う。しかしこの道を通じてしか、人間が自然の究極の目的を実現することはできないのである。

■原初の否定性――神の掟の侵犯

人間がこの否定性の〈旅〉にでかける最初のきっかけは、人間のうちに本能のように働いていた「神の声」に従わず、これに違反する行為である。そのきっかけとなったのは本能とは相反する理性の働きである。動物は本能だけで生存する生き物であるが、人間には動物のように牙も鋭い歯も爪もなく、ただ両手が与えられただけであったために、本能とは異なる理性が作動する。この理性の働きで、人間は神から認められた食物とは異なる食べ物に手をだす。

その食べ物はたとえば蛇にはよい食料であったが、理性の推論の働きのために、人間はそれが自分にとってもよい食べ物であると、間違った推論を行う。その背景にあるのは、動物には存在しない不自然な欲望であり、これが人間に禁じられた食べ物に手をださせる。こうして「食料についての知識を本能による制限を超えて拡張しようと試みたのである」(七五ページ)。

これは人間にとっては決定的な一歩である。神の命令に反すること、すべての動物に定められた本能とは異なる衝動にしたがうこと、それは人間が本能だけにしたがう生物ではなくなること、言い換えると、動物が知らない善悪を認識できる存在となったということである。同時に人間は神の掟から自由になった。カントがこの文章の補節の部分で指摘するように、人間の悪は自由とともに生まれたのである。

聖書では、食べてはならないと言われた樹の実を食べるというごく些細な違反が人間が〈園〉から追放される決定的なきっかけとなったことが語られている。この違反はどんな事柄でもありえただろう。何か、神の命令に反することをすればよいだけであり、それがここでは果実を食することであったにすぎない。この違反の些細さは、それが人間にとって本質的なものでないこと、問題なのは神の掟に反する行為であったことを象徴しているかのようである。

■第一の反自然性──性の欲望

神の掟に反した人間は、動物的な本能を否定する理性の働きを次々と経験することになる。理性は人間に与えられた「自然」的なありかたを否定することによってしか、その働きを示すことができないかのようである。カントはその最初の契機を性的な欲望と愛のうちにみいだす。

理性は動物的な本能に反して、まず人間に不自然な性的な欲望を与えた。動物は原則として繁殖期にしか、性の交わりをしない。しかし人間は想像力を働かせることで、性的な欲望を自然の周期にしたがわせる必要がなくなる。人間はいつでも、対象が不在なところでも、性的な欲望をかきたてられるようになる。

動物には性的な倒錯というものはない。倒錯にみえるような行為も、動物にとっては自然な行為なのである。しかしフロイトが明らかにしたように、人間は子供の頃から、性的な倒錯の塊のようなものである。人間はさまざまな性的な倒錯をおもいつくことができる。日常的な概念となったフェティシズムすら、人間の想像力の産物なのである。聖書には性的な倒錯を禁じる掟がさまざまに定められている。人間の性的な倒錯が根源的なものであるのはたしかなのである。

一方ではこの理性の働きは、羞恥心として機能する。人間は自分の性的な器官を隠すことをおぼえる。神はそこに、人間が善悪を知ることになった「しるし」をみるのであるが、カントは欲望の対象を隠すことが、そのための欲望をかきたて、長つづきさせるための有効な手段であると考える。

性的な器官を「いちじくの葉」で隠すという行為は、感覚的な刺激を観念的な刺激に変え、動物的な欲望を人間的な愛に変える。人間の愛はこの反自然的な欲望とともに、動物の愛とは次元の違う高貴なものになったとカントは考えているかのようである。

そしてこの愛とともに「美を好む趣味が生まれ」（七九ページ）、自然の美にも目を開かれ、礼儀によって他者の尊敬を獲得しようとする。そこから社交が、そしてすべての文化が生まれるのである。これは「人間を倫理的な被造物として育むための最初のきっかけ」（同）となるものであり、小さなきっかけにすぎないとしても、「その後につづく果てしのない文化的な拡大よりも重要な意味をもつ」（同）ものとなるのである。

しかしそこにはすでに名誉欲や、愛情や、自己の欲望の充足という他者との不自然な関係の源泉が胚胎していることに注目しよう。ここで非社交的社交性の二つの要素、社交性と非社交性の二つの要素の基礎が確立するのである。それが本能から逸脱した理性の不自然な機能であったのである。

カントは長い原注の部分（八七～九〇ページ）と、論文の最後（九七～一〇一ページ）で二度にわたって、ここで検討する理性による三つの反自然性のもたらした奇妙な逆説とその悲惨、そして人間の空しい願望を、アイロニーをもって語っている。まず原注の最初の部分（八七～八八ページ）で、この性と愛についてカントが指摘するのは、人間の動物的な成長段階と文化的・社会的な成長段階の違いがもたらす奇妙な〈ずれ〉である。人間は一六、七歳ですでに性的に成熟している。子供をなす能力は完全にそなわっているのである（この時期こそ、もっとも性的な欲望の強い時期だといえるほどである）。

しかし社会的には人間は未熟であり、まだ両親の庇護のもとにあることが多い。産んだ子供を育てていく能力が社会的にはまだ不十分なのである。この年齢で子供をなすことは、本人にとっても、生まれてくる子供にとっても大きな負担となる。こうして「自然の目的が道徳によって損なわれ、道徳が自然の目的によって損なわれる」（八七ページ）のである。

さらにこの論文の最後（九七〜九九ページ）では、人間の間に生まれる愛のもたらす逆説と戦争の〈効用〉について考察する。カントは戦争が人間にとっての最大の災厄をもたらすことを認める。国民の生命を奪い、国家のもつ力が文化的な領域で適切に発揮されず、国民の自由が奪われ、国民は過酷な要求にあえぐことになるからである。

しかしとカントは問いかける。もしも愛があまねく人々を支配し、すべての国民が和合して生きるようになったら、もしも世界の国家が統一され、すべての人々が同じ言語を語り、同じ宗教を信仰するようになったら、それは理想的な状態になるだろうかと。絶対平和を希求したカントであるが、この問いには皮肉な否定の結論をだす。バベルの塔の伝説が物語るように、「さまざまな民が宥和《ゆうわ》して一つの社会にまとまり、外敵の危険性から完全に守られると、それがその後の文化の発展を阻害し、癒すことのできない堕落へと落ち込む」（九九ページ）に違いないと。

戦争は、そしてその原因でもあるさまざまな国の間の敵意は、文化の発展のための必要不可欠な原動力となる。抑圧的な元首でさえも、他国に対抗するために、自国に、ある程度の文化と、福祉の改善と、自由を維持しなければならないのだと。カントは、すべての人々の間に愛と和合がゆきわたることが、逆説的にも恐怖の世界帝国を誕生させる可能性があると考えるのである。皮肉なことに愛ではなく、非社交的な社交性こそが、文化と自由と幸福の原動力でありつづけるのである。

■第二の反自然性――死

自然の本能とは異なる第二の要素は、死への恐れである。ヘーゲルは動物から人間への移行の決定的な要素が死であることを主張していたが、カントもまた死、とくに死への恐れが将来という時間にたいする想像力をかきたてることを指摘する。ヘーゲルが指摘するように、人間は現在の欲望の充足を将来に延期することで、道具を作り、自然に働きかけ、生産物を備蓄する。そこから文化が誕生するのである(27)。

人間が将来を考えることができるようになったことは、同時に人間が家族を形成し、子孫を残すことができるようになったということである。子供の誕生において両親の死が胚胎されていることを指摘したのはヘーゲルであるが、カントは死を恐れる夫婦は「子孫に囲まれて生きる」(八〇ページ)ことで慰めをえることを指摘する。将来の世代が自分たちのできなかったことを実現できるようになるというのは、子孫に囲まれた両親の慰めであるだけでない。カントもまた、啓蒙の歩みは遅く、現代の世代が実現できない人間の素質の完全な開花という課題、世界市民状態の実現という究極の課題を将来の世代が実現できることを期待していたのである。

人間は現在の瞬間を享受するだけではなく、「きわめて遠い将来まで、まるで現在のようにありありと思い浮かべる」(七九〜八〇ページ)ことができるようになったことで、将来の世代に期待をもち、しかも自分の生の短さに絶望することなく、営々と文化的な営みを構築することができるようになる。死への恐れもまた文化の源泉としての力を発揮することができるものである。

カントが原注のところで(八八〜八九ページ)指摘する第二の反自然性についてのアイロニーは、まさにこの将来の世代にたいする期待のもつ逆説である。どれほど優れた能力をもつ学者でも、最大の業績を達成しようとする間際になって老衰が、あるいは死が訪れる。カントの遺稿集『オープス・ポストゥムム』もまた、カントの老衰の顕著な兆候を残しているのはなんとも皮肉なことである。そしてこの卓越した学者の知も経験も、いかなる子孫にも伝えることはできない。新しい世代は「白紙の状態からやり直し、前の世代が歩んできたすべての道程を、ふたたびたどり直さねばならないのである」（八九ページ）。ここでもカントのアイロニーの刃は鋭い。

この論文の最後の結論のところ（九九〜一〇〇ページ）では、カントのアイロニーはブラックユーモアに近いものとなる。考えてみよう、もしも道徳的に不十分な人類に、今よりも長い寿命が与えられたとしよう。するとどうなるだろうか。今のように短い人生においても、生き延びるためにどれほどの苦労をしていることか、どのように不正なことをしていることか。もしも現在の一〇倍の八〇〇歳の寿命が与えられたとしたら、どれほどの苦労とどれほどの不正が地球を支配することだろうか。

おそらく、親子の間で殺しあいをするほどの激しい対立が生まれるだろうとカントは考える。そして人類はもはや自然の究極の目的というには値しないものとなり、地上からあらゆる道徳は消滅することになるだろう。そしてノアの洪水がふたたび地球を襲って、「世界を覆う洪水によって地表から一掃されるのが、人類にはふさわしい」（一〇〇ページ）ことになってしまうに違いない。

■第三の反自然性――人間の平等

このように人間は理性の働きによって、本能に動かされる「機械」である動物とは明確に異なる存在であることを明らかにしてきた。そして人間はその違いを誇りに思い、すべての自然をみずからのほしいままに処分することができると考える。たしかに神はアダムにそのことを許したのであるが、人間はやがてすべての自然を破壊し、自分の手段として使うことができると考え始める。そして長い歴史において実際に地球を含む自然を好きなように処分し、破壊してきたのである。

自然はすべての生物を、その生物にとっての最終目的として創造したはずだった。鳥にとっては鳥であることがその最終目的である。しかし自然のうちで人間という生物だけが、ほんらいは最終目的であるはずの鳥を射て食べ、花を折って飾り、樹木を切り倒し、川の流れを変え、海を埋め立てて住居とする。その傲慢さは目を覆うばかりである。

ところがこの傲慢さは人間の道徳性については好ましい結果をもたらすはずだとカントは考える。人間はすべての個人が自然の最終目的であるために、「ほかの人間を自然の賜物を平等に分かちあう仲間とみなさなければならない」（八一ページ）ことを自覚するのである。人間は他の人間を手段としてだけではなく、目的として扱わねばならないことが、無言のうちに人間の掟とされるのである。

この段階ではこのことは、まだ人間においては明確な形では定められていない。将来において人間が自覚する道徳的な命令の「前触れ」のようなものとして感じられているだけである。これが明確に定式化されるためには、人間がたんに自然の最終目的であるだけでなく、究極目的でもあることが自覚されなければならないのである。同時にこの「前触れ」としての認識は、人間が他者をみずからと対等な存在としてあつかい、社会を形成するための必須の条件となる。たんなる愛情や好みよりもはるかに有効な原則として、社会の設立のために寄与することになるのである。

カントが原注で指摘する逆説は、人間は他の人間を平等に扱うべく道徳的に定められているはずであるのに、これまでの歴史も現代の世界も、不平等に満ちていることである。カントはこの点については、ルソーの告発は「じつにもっともなこと」(九〇ページ)と共感する。人間はまだ他者の奴隷となり、他者を奴隷としている。人間は、動物とは違って口輪をはめられ、あぶみをつけられて奴隷のように服従させられているわけではない。しかし各人は自由であると感じながら、さまざまな必然性に強いられて、みずからの意志のもとに他者に服従する。

ここでカントはルソーよりもヘーゲルやマルクスに近くなる。ヘーゲルはカントの道徳論を批判しながら、みずからの意志で服従するものの従属性の深さを指摘し、マルクスは労働力しかうるもののない労働者の疎外の強さを指摘した。カントもまた同感である。人間は自由である。しかし「自由が私を、なお家畜の下に置く。なぜなら、私は、［家畜よりも］もっと強制されうるから」である。「家畜はなお人間によって強制されるが、人間は人間の妄想によって強制される」(28)とカントは苦々しい。

わたしはなんらかの不幸により、あるいはたんなる欠乏により、みずからの意志で労働力を他者に提供しなければならなくなることがある。「私は眠りたいのに、彼は私を仕事にかりたてる」。たしかにそのとおりである。「私の不幸の原因には道理があるので、彼はすべての自然力よりも、私を苦しめるのに、はるかに適している」(29)と言わざるをえない。家畜にはない自由な意志が〈わたし〉を極限にまで隷従させるのである。

カントはこの不平等の存在と非道徳的な隷従の状態を否定しない。これは人間の非社交的な社交性のもたらした一つの論理的な帰結でもあるからだ。自然は人間に平等を与えたのであるが、人間は改善の過程において自然の与えた素質を傷つけたと言わざるをえないのである。これを傷つけないだけの細心の注意を払えるようになるまでは「人間はみずからの経験のなさのために招いた諸悪にあえぐしかない」（九〇ページ）のである。はたして人間はこの状態から脱出することができるものだろうか。

論文の最後（一〇〇～一〇一ページ）では、この不平等の状態から脱出したいというユートピアの願望をとりあげて、この状態がいわば人間がみずから選んだものであることを指摘する。たしかに人間は「労苦のない生活を怠惰のうちに夢見るように享受し、子供の遊びのうちに日々をむだに過ごす」（一〇一ページ）ことを夢想することがある。マルクスもまた、人間の真の歴史が始まるとき、「朝は狩をし、午後は漁をし、夕方には家畜を追い、そして食後には批判をする、しかも猟師、漁夫、牧人あるいは批判家になることなく(30)」と考えたこともあった。ロビンソン・クルーソーのような、もっと言えば、狩が遊びと同じであるようなフライデーのような生活に憧れるのだ。しかしカントはこのような「原初の黄金時代」（一〇一ページ）の夢が現実からの逃避にすぎないこと、「人間はこのような状態にとどまることはできない」（同）ことを厳しく指摘する。人間はこのようなユートピアにおいてはもはや人間ではなくなり、滅びてしまうのである。

■歴史の終焉の可能性

さまざまな国の間の戦争、人間の寿命の短さ、そして極端なまでの不平等と隷従。カントはこれらは人間の「条件」ではなく、自然が人間に与えた素質の歪みであり、限界であり、逸脱であると考える。それは人間が自然の究極の目的となるため、道徳的な理想を実現し、世界市民状態を達成するために、経験すべき事態なのである。

そしてカントはこの人間の条件を覆そうとするとき、あるいはその過酷な条件があまりに厳しくなるとき、人間が人類として滅亡する危険性があることを鋭く指摘する。カントはこの歴史の終焉の可能性を、人間が進歩するために必要とした三つの反自然性との関連で考えている。まず人間は愛によって性的な欲望をかきたてられると同時に、社交的な関係を構築することを学ぶ。しかしこの社交的な関係のうちに完全に和合してしまわないように、自然は戦争というメカニズムを用意していた。しかしこの戦争は逆に人間の絶滅と歴史の終焉の引きがねとなるかもしれないのである。

あるいはさまざまな技術によって、たとえば遺伝子技術の発達によって、人間の第二の反自然性である死の不安が解決されるかもしれない。そして寿命が長くなりすぎた人間は、道徳性を喪失して、洪水で滅ぼされるしかない極悪の人類に変わってしまうかもしれない。あるいは人間の第三の反自然性によって、人間はだれもが平等になり、技術的な進歩によって労働から解放され、技術のもたらすユートピアのもとで子供のように、あるいはコジェーヴが指摘したように、スノビズムの世界のうちで、「〈歴史的〉という意味での〈人間的〉な内容をすべて失った価値に基づき[31]」自然と調和した動物のように生きるようになるかもしれない。このようにカントは、人間が進歩するために必要な反自然性そのもののうちに、人間が終焉する潜在的な〈芽〉を読み取るのである。カントが人間の現在の状態を描くとき、そして人間のありうべき堕落と失墜の状態を描くとき、そのアイロニーの刃は鋭くなるばかりである。

第三節 「万物の終焉」

■歴史の終焉

このようにカントの歴史哲学には、さまざまな形での歴史の終焉の可能性が暗示されている。しかもそれは人間の進歩の副産物として、進歩の「裏の顔」として本質的な滅びの可能性として存在しているのである。人間の進歩の背後では自然の狡智が働いているとしても、人間はつねにこうした予期せぬ終焉の可能性に直面しているわけである。

だからカントは、人間の歴史の端緒を考察することで、同時に歴史の終焉の可能性を検討していたのである。こうして人間の歴史の起源の考察において、歴史の終焉についても十分に検討されていたといってもよいだろう。そのためか「万物の終焉」という論文では、人間の歴史の終焉の可能性について新たに問い直すのではなく、終焉という概念そのものを検討している。人間の歴史の終焉には、自然的な終焉の概念と、非自然的な終焉の概念があり、非自然的な終焉としては、神秘的な（超自然的な）終焉の概念と、倒錯した（反自然的な）終焉の概念がある。

自然的な終焉は、遠い未来において最後の審判が訪れるときである。この最後の審判において、すべての人間が救済されるのか、善人だけが救済され、悪人は永遠の地獄に堕とされるのかは別として、この審判の後には時間というものが消滅してしまう。これは歴史の終焉であり、歴史哲学の考察の彼岸である。最後の審判は「道徳的な思索」（一一三ページ）の対象であり、世界と歴史の終焉は「人間が理論的には認識することのできない事柄の全体を、道徳的な帰結として目にみえるように示したもの」（同）と考えるべきものである。カントは人間にとって可能なことは、「最終目的の実現に向けて絶えず進歩している状態」（一二七ページ）を維持することだけだと信じているのである。

非自然的な終焉のうちの神秘的な終焉は、人間の歴史が超自然的な力によって終焉するもので、人間には理解できない終焉のしかたである。カントは黙示録にならって、この終焉を「巻き物が巻かれるように天空が消滅」（一一三ページ）し、地球も世界も消滅する状態になぞらえている。ＳＦの世界では隕石の墜落、太陽の消滅、宇宙人の襲来など、好みのテーマであるが、この終焉については、カントは想像を逞しくすることはない。

カントがとくに長々と考察するのは、倒錯した反自然的な終焉の概念であり、この論文はこの概念を検討するために書かれたと言ってもよいだろう。「人類の歴史の憶測的な起源」の論文ではすでにみたように、人間の三つの反自然性をきっかけとして、人間の歴史の倒錯した終焉の可能性の輪郭が描かれていた。しかしカントはこの論文ではもうひとつ別の逆説的な倒錯の可能性を考察する。キリスト教の改革による歴史の終焉の可能性である。

■倒錯した歴史の終焉

この論文が書かれた頃は、フリードリヒ大王の死後、プロイセンで国家による宗教的な締めつけが強化された時期だった。事実上の宰相に就任していたヨーハン・クリストフ・ヴェルナーは、大王の宗教政策について、「啓蒙思想の普及と寛容精神の濫用は、民衆の無信仰と不道徳を招く[32]」と批判していた。さらに一七八八年には法務大臣兼宗教・教育大臣に就任して、宗教勅令を発布する。これは宗教的な非寛容の勅令だった。

カントはこうした政府の方策が逆効果にしかならないことをこの論文で強調したのだった。カントは「ひとつの国民全体の宗教を純化し、同時に力強いものにする」（一三一ページ）方法は、どうしても「愚かしい」ものにならざるをえないが、それでもこの試みが成功して、実践的な理性のもとで、国民一般がこうした試みに関心をもつようになったとすると好意的に想定してみる。それはどのような帰結をうむのだろうか。

カントは皮肉にも、それがキリスト教にとっては有害なものであることを指摘する。キリスト教は愛の宗教である。隣人愛を勧めるだけではなく、キリスト教そのものに「愛すべき」ところがあるとカントは考える。キリスト教は人々に自由であれと教える。隣人を愛せよと教える。道徳的な義務を守れと教える。しかしこれは心のうちから働きかけるがゆえに、「愛すべき宗教」となっているのである。

しかし国家の権威がキリスト教の後ろ盾となって、これらの教えを命令した瞬間から、こうした教えは自己矛盾となる。他人に支配されず自由であれという命令は自己矛盾である。自発的に隣人を愛せよという命令も自己矛盾である。心のうちから道徳的な存在であれという命令も自己矛盾である。いかなる権威もこれを命じた瞬間に、自発的な営みであるべきこれらの教えは、その意味を喪失するのである。

カントはプロイセン国家の宗教勅令は、このような自己矛盾を犯す試みにすぎないと厳しく批判する。もしも国家の権威に命じられて人々がキリスト教を信仰するようになれば、キリスト教はその愛すべき宗教という性格を喪失し、国民はやがてキリスト教を嫌悪するようになるだろう。そして反キリストが登場し、国民を支配するようになるだろう。「そうなったら、キリスト教は普遍的な世界宗教であるべく定められているにもかかわらず、そうなるべき運命に恵まれていないということになる。こうして、道徳的な意味での万物の（倒錯した）終焉が訪れることになるだろう」（一四〇ページ）。政府の政策は、倒錯した終焉を導くためのきっかけになりかねないというのである。

この書物は歴史の終焉についての考察というよりも、全体がブラックユーモアに近いものになっている。この批判の鋭さのために、カントが大学教授の地位を返上しなければならなくなるのではないか、カントは自説を公式に撤回させられるのではないかという噂が広まったのだった。

しかしプロイセン政府はカントには威嚇の書簡を私的に送っただけであった。ヴェルナーの代筆という形で一七九四年一〇月に送られた書簡では、王が長い間、「大いなる不快の念をもって、汝が汝の哲学を濫用して聖書およびキリスト教の主要にして根本の教説の多くを歪曲しおとしめるのを」見守ってきたと伝え、「反抗的態度を改めぬなら、汝は不愉快な処分をまぬかれぬことを覚悟すべきである」(33)と威嚇したのである。

カントはフリードリヒ二世が死去するまで、宗教問題を議論しないという約束を守る。大学教授として、理性の私的な使用を控えたのである。しかしその王の死後はその約束は無効になったと考えて、それまでの沈黙の状況を明らかにするとともに、宗教論を発表するようになったのだった。

第三章　「永遠平和のために」

第一節　序

■平和条約の予備条項

カントの歴史哲学の考察の最後を締めくくるのが「永遠平和のために」である。この論文は政治哲学の分野に属するものであるが、カントの哲学においては歴史哲学、道徳哲学、政治哲学が密接に結びついているのであり、この論文でこれまでの歴史哲学の考察の意味が明確に示されることになるのである。

この論文は当時の平和条約と同じ形式をとって、永遠平和を実現するための予備条項と確定条項という二つの部分で構成される。カントはさらにこれを二つの項目で補足している。一つは永遠平和を保証することのできる〈自然の意図〉についての考察であり、もう一つは永遠平和のための秘密条項である。これで条約部分は完結し、そのあとに政治と道徳、理論と実践という二元論的な対立についての考察が展開される。

まずカントは六項目の予備条項を定めている。これは永遠平和を実現するための前提条件となるものであり、戦争原因の排除、国家を物件にすることの禁止、常備軍の廃止、軍事国債の禁止、内政干渉の禁止、卑劣な敵対行為の禁止である（一四九～一五八ページ）。一八世紀的な王族の結婚による国家の「贈与」を別として、どれも現在の国際政治の世界において困難な問題を生んでいる慣行であり、カント以来、平和は近づくどころか、遠ざかっていると言わざるをえない。カントの時代にはまだ理論的な可能性にすぎなかった絶滅戦争が、いまや時代の地平となってしまっているのである。

■平和条約の確定条項

次にカントが提示する確定条項は、公法の三つの構成にしたがって提案される。カントは『人倫の形而上学』で公法を国家法、国際法、世界市民法という三つの伝統的な領域にわけて考察している。

国家法は、さまざまな国内法を意味するのではなく、国民が自然状態から離脱して、国家を構築するための法律である。「国家とは、法的諸法則にもとづいて、一群の人間たちを統合したものである[34]」のであり、国家を構築するための憲法が国家法として必要とされるのである。

これに先立つ私法の部分では、カントは「外的なわたしのものと君のもの」という概念において、すでに所有が成立している状態を考察している。カントにとってはホッブスやロックとは違って、社会契約の後に所有が成立するのではない。「自然状態においてすでに暫定的にでもある外的なわたしのものと君のものが存在しないと、そうしたものについての法的な義務は存在しないし、自然状態から脱出すべきであるという命令も存在しない[35]」のである。

だからカントにとっての国家法とは、自然状態にある群衆を国民として形成するための社会契約を締結する行為である。この国家法（憲法）は大衆が国家を構成するためにみずから選択したものとみなされることに注意しよう。国家を構成するのはつねに大衆であり、外部からそれを強制することはできないのである。

このようにして成立した国家は、世界においてさまざまな国家と競合して存在している。これらの国家は自国を統治するための国家法をすでにそなえていて、正邪を判断するための法的な審級をそなえているが、まだ他の諸国との間では自然状態が支配している。「国家は他の諸国にたいしては道徳的な人格として登場し、自然的自由のうちにあり、したがって絶えざる戦争の状態のもとにあるとみなされる(36)」のである。

だから一つの国と他の国はたがいに「外的なわたしのものと君のもの」を認め合うだけで、正邪を判断する審級が存在していないのである。この審級を形成するのが国際法である。この審級が国際同盟であるが、これは主権を含むものではなく、ただ諸国の提携をもたらすものにすぎない。この国際同盟の役割は、「諸国家が、たがいに現実の戦争の状態に陥ることを防ぐ(37)」ことを目的とするのである。

現在は国家と国家連合が考えられるかぎりの最大の機構であるが、カントはこの国家法と国際法を総合する世界市民法(ローマ法の万民法に相当する)を考案する。国家法は一つの国家の中の国民相互の関係を規制し、国際法は世界の中の国家相互の関係を規制する。世界市民法は、世界において「相互に現実的な関係にはいりうる地上の一切の諸民族が、たとえいまだ友好的ではないとしても、平和的に交際する共同関係を締結するという理念(38)」を法的に定めるものである。

カントはこの関係について「永遠平和のために」の論文では、「人間と国家が外的にたがいにつきあう関係にありながら、一つの普遍的な人類国家の市民としてみなすことができる場合」（一六四ページ）と規定している。これはとくに外国人がある国を平和的に訪問する権利と、ある国が外国の領地を植民地として征服する行為にたいする規制にかかわるものである。以下では、この国家法の審級、国際法の審級、世界市民法の審級のそれぞれについて、個別に検討してみよう。

第二節　国家法における平和の条件

■三つの国家体制

カントがまずこの部分で論じたのは、永遠平和を実現するには、どのような国家体制が必要とされるかという問題である。カントは伝統的な国家の三権分立を規定する。立法権、行政権、司法権はそれぞれ独立した権利でありながら、それでいて「普遍的に統合された意志を三重の人格において含む(39)」ものである。

しかしこの権利には上下関係もあり、意志の法則を定める立法権は、この法則に従う手続きを定める命令としての行政権よりも上位にたち、この権利は何が合法的であるかを宣告する司法権よりも上位にたつのである。ここで立法権は、「人民の統合された意志にのみ帰属する」[40]ものとして、国家を構成する重要な役割を果たすものである。立法権を所有する者こそが「主権者」としての地位を要求することができるのである。だから国家体制について考察するためには、これらの三つの権利が保有され、行使される方法について考える必要がある。

伝統的に国家の体制を考察する際には、君主制、貴族制、民主制という三つの分類が利用されてきた。これはギリシア以来の西洋の伝統であり、これらの体制が腐敗した状態として、僭主政治、寡頭政治、衆愚政治があげられるのがつねである。[41]この分類では国家の体制を、権力を掌握する人間の数の多さで判断していることになる。

ところがカントが重視するのは、国家の統治者の数ではなく、国家の統治方法である。一人で統治するか、全員で統治するかは、国家の構築と統治の方法そのものにはかかわりがない。それよりも重要なのは、「群衆にすぎない人々の集まりから一つの国民を作りだす普遍的な意志の働き」（一七〇ページ）としての憲法に基づいて、「国家がその絶対的な権力を行使する方法」（同）である。

この統治の形式という分類で考察するかぎり、国家は専制的であるか、共和的であるかのどちらかであるとカントは指摘する。専制的であるのは、国家の法を定めた立法者が、同時に国家の法を施行する行政者である場合である。共和的であるのは、立法者と行政者が完全に分離されている体制である。この分類では、共和的な統治を実行する可能性があるのは、君主制と貴族制だけになる。民主制ではその定義に基づいて、立法した民衆が同時に行政権を握って統治するからである。

■構成的権力

カントのこの共和制の理論と民主制への批判は奇妙にみえる。カントの説明を読んでいくと、共和制というのは、現代の用語でいえば代議制の民主主義にほかならないものとしか思えないからであり、現代の政治学の理論からは、カテゴリーが混乱しているような印象をうけるからだ。

しかし理論的な体系としてはカントの政治理論はそれなりに筋道が立っているのである。これについては二つの視点から考える必要がある。構成的な権力という視点と、普遍意志を名乗る民主主義に固有の難問である。ここではまず構成的な権力という視点からカントのこの分類について考えてみよう。

ホッブス、ロック、ルソーとともに一八世紀の思想家であるカントは、国家について考察する際に、社会契約という観点から考察する。国家がどのようにして設立されるかという原理から、国家を考察するのであり、王権神授説のように国家を統治する君主の権利の正統性という観点や、国王を殺害して新しい国家を樹立したフランス革命の当事者の観点から考察するのではない。

カントが伝統的な国家の分類を退けるのはそのためなのだ。統治する人数によって分類するということは、すでに国家が成立していて、統治が行われていることが前提である。統治が存在しない状態で統治を行う者の数を一人にするか、一部の者にするか、全員にするかという構想を立てることは有意義であるが、これは国家を構築することが決定されてからのことである。問題なのは、国家を構築する者はだれなのかという主権者の問題であるとカントは考えている。

そして根源的な社会契約という概念を維持するカントにとって、主権者となるのは国民全員であることは疑問の余地のないことであった。カントはそれを原理的に演繹しようとする。まず原初の自然状態を考えてみよう。この状態では人々は自分の身体を所有し、身体で保持できるものを所有し、さらに毎日通って耕し、手入れすることのできる土地とその産物を所有している。

しかしこれは自然状態であり、この状態ではいくつかの条件が欠如しているために、人々はみずからの生命と所有を安全に保護することはできない。「自然状態とはむしろ戦争状態なのである。つねに敵対行為が発生しているというわけではないとしても、敵対行為の脅威がつねに存在する状態である。だから平和状態は新たに創出すべきものである」（一六二ページ）とカントが語るとおりである。

だから社会契約を締結しない状態では、隣人は〈わたし〉にとっては「狼」のような地位にたつ。「ある人が平和状態の保証を求めたのに、隣人がこの保証を与えない場合には、その隣人を敵として扱うことができる」（一六二〜一六三ページ）のである。こうして人々は社会契約を締結して、自然状態から離脱する必要があるのである。

■三つの理念

この社会契約には、たんに所有の保護だけではなく、三つの重要な理念が不可欠である。フランス革命とアメリカの独立の際には、自由、平等、友愛の理論がうたわれたが、カントは自由、平等、自立の三つの理念を提示する。国家と市民状態を樹立するのは、人間が自由になり、平等に扱われ、自立した存在となるためであり、これらの条件が成立しなければ、それは国家とはいえないものなのである。

まず人間はみずからの幸福を追求するために自由でなければならない。そして社会において他者は自由にみずからの幸福を追求することを許される必要がある。「ほかの人々が彼と同様の目的を追求する自由[42]」を侵害しないかぎり、だれもが自分の幸福を自由に追求することができるのである。

そのための原理をカントはこの論文の注では、「わたしがあらかじめみずから同意しておいた法則だけにしたがい、それ以外にはいかなる外的な法則にもしたがわない権限があるときに、わたしは外的に自由なのである」（一六六ページ）と表現する。国家はまず、すべての市民が他者の自由を毀損しない範囲で、みずからの幸福を自由に追求するために存在する。

なおカントは、国民は独力で自由に自分の幸福を追求すべきであり、他者の幸福には関知すべきでないと考えている。これはベンサム的な功利主義を否定するものである。どのようなことを幸福と考えるかは個人に任されているためである。倒錯した快楽を追求する者は、他人には不幸と思われる状態を幸福と考えるかもしれないのであり、最大の幸福という概念は意味がないと考えるのである。

　またこの考え方は同時に、家父長的な政府による市民の幸福の確保を否定するものである。父親が子供にたいするように恩恵の原則に基づいて国民を支配する場合には、国民は「何が自分にとってほんとうに有益であり、何がほんとうに有害であるかをきわめられない未熟な子供のように、ただ受動的な態度をとる(43)」ことを強いられるのであり、このような支配は「考えられるかぎりのもっとも強力な専制支配」となり、「臣民のすべての自由を破棄し、そのため臣民はいっさいの権利をもたなくなる(44)」のである。

　国民が啓蒙された態度をとらず、みずからの幸福にたいしても受動的にふるまう場合には、大きな惨禍が待ち構えているのである。カントはこの視点から、フリードリヒ大王の恩恵的な支配も否定しようとすることに注目したい。

　次に市民はほかの市民との間で、国民として平等でなければならない。国民は自由にみずからの幸福を追求することができるが、他者の自由を損ねた場合には、外的な強制力による処罰をうける必要がある。これが社会契約の目的の一つだからである。ただし「国民が、同じ法に平等にしたがい、同じように拘束される可能性があるのでなければ、いかなる他者も法的に拘束できないときに、国民は平等なのである」(一六六ページ)。言い換えれば、「法の支配下にある一切のものは、国家において従属者であり、公共体における他のすべての成員と平等に強制的な法規にしたがう[45]」のである。

カントはこの視点から、世襲貴族を否定する。これは国民の平等という原理に反するからである。生まれによって特定の個人に特権を認めるということは、「あらゆる権利の原理である根源的な契約のもとにある民族の普遍的な意志によっては、容認することのできないもの」(一六八ページ)だからである。ゲーテの『ヴィルヘルム・マイスター』がまざまざと描きだしていたように、当時のプロイセンはやっと市民が階級的に上昇してきた段階であり、世襲貴族が地位も財産も文化も独占していた状態だったが、カントは原理的にその不正を告発するのである。

第三に、すべての国民は、自由に幸福を追求し、法のもとで平等に扱われるためには、独立して自存している必要がある。これは国家を形成するための原理というよりも、その原理を追求するために必要な条件と考えることができる。すべての国民は経済的に自立し、財産や才能や労働する技能を所有していて、他者に依存することなく生活できる必要がある。

だから国民であるためには、「自分自身の主人[46]」であることが必要であり、主権者である必要がある。こうしてカントは子供、女性、奉公人などを国民から除外してしまう。これらの人々は有権者としてではなく、「庇護の享受者[47]」として、国民の恩恵を受けるが、国民とはみなされないのである。これはカントの時代的な制約であるが、フランス革命の成果も、これとはそれほど違ったものではないことを確認しておこう。

■天使の国と悪魔の国

だから国家は独立した市民が自由に幸福を追求するために平等な社会を構築する目的で設立されるのである。ホッブスの『リヴァイアサン』で構築された国家では、社会契約を締結した後に、市民はすべての権利を喪失してしまう。しかしカントの政治哲学では、自立した市民は社会において自由と平等を要求する権利があり、国家はそのために設立される。カントにとっては、設立された国家を統治する人数はそれほど問題ではない。国家の設立の目的とその原理という構成的な原理だけが重要なのである。個々の国家の統治者はさまざまであるが、この原理に基づいてのみ、この原理がどこまで実現されているかという基準によってのみ、その国家がどこまで好ましいものかどうかを判断することができるのである。

カントの国家論は、このように国家の成立のための構成的な原理を重視するものである。カントの国家はつねに、国民がほかの国民とともに構成するものとして考えられている。統治する権力はさまざまな場所にありうるが、主権者はその構成的な原理に基づいて、国民にあるのである。そしてこのような原理で統治される国家を、カントは共和制と呼ぶ。だからカントの共和制は現代の民主主義体制と異なるものではないのである。(48)

カントのこの原理的な思考の厳密さを象徴するのが、悪魔の国という理論である。ルソーは、「神々からなる人民があるとすれば、この人民は民主政治をもって統治するだろう。これほど完璧な政体は人間には適しない」(49)と語ったことがある。そしてカントが共和的な体制は、「樹立するのがもっとも困難であり、維持するのはさらに難しい体制である。この体制は、天使たちだけにふさわしい国だと言われることも多いほどである」(二〇五ページ)と語ったときに考えていたのは、ルソーのこの言葉だったに違いない。

　しかしカントは人間の利己的な傾向のために、悪人であっても、悪魔であっても、原理的に考察する限り、このような国家を設立せざるをえないはずだと指摘する。悪魔たちは、自分を保護してくれる国家体制を構築しようとしたら、やはり自由であり、平等である国家を選択するしかないのである。これは有名なケーキ割りの例で考えることもできる。ケーキ好きな悪魔たちを集めて、その中のどの悪魔も、最後の一切れをうけとるという条件でケーキを切らせてみよう。不公平にケーキを切ったならば、最後にうけとる悪魔は、もっとも小さなケーキを甘受せざるをえなくなる。だからその悪魔は可能なかぎり公平にケーキを切るだろう。これは悪魔が道徳的に判断をしたからではない。理性的に考えれば、理解できることだからだ。

　だから悪魔が、ほかの悪魔も自分だけは法律の適用を免れたいと願っているのを知っていながら、たがいに平和と自由を維持できる共同体を設立しようとしたら、外的な法律によって、どの悪魔も特権的な権利を行使することのできない自由で平等な共同体を設立するだろう。ほかの天使の利益のことばかり考える天使の国があったとしても、これと同じ国になるだろう。そこには道徳性はまったく関与しないのである。

「ここで求められているのは、人間を道徳的に改善することではなく、自然のメカニズムを機能させることだからだ」（二〇六ページ）。欲望についての洞察と、利己心という「自然のメカニズム」を行使することで、悪魔たちが「たがいに強制的な法に服させ、法が効力を発揮できるような平和な状態をもたらす」（同）には、このような社会でなければならないはずなのである。

■個人の意志と普遍意志

さて、カントが国家について考察している第二の視点は、ルソーの普遍意志がそなえていた問題点である。ルソーは各人が自然状態にとどまると、もはや自己保存が不可能になった状態において、「各構成員の身体と財産とを、共同の力のすべてを挙げて防衛し、保護する」[50] 共同体を設立する必要が自覚され、各人は自分の力と自由を共同体に一度譲渡することで、共同体を設立すると考えた。

だれもが自分の力と自由を譲渡したのであるから、「だれにも自分を与えない」。だれもが「身体とすべての能力を共同のものとして普遍意志の最高の指揮のもとに置く」ことによって、「人は失うすべてのものと等価のものを手に入れ、また、持っているものを保護するための力を〔結社によって〕より多く手に入れる」[51] のである。

カントの場合も人間は自由であるために、共同で決定した法律の強制のもとにしたがい、他者をしたがわせるために国家を設立するのである。ルソーの普遍意志に相当するのは、カントでは立法者の総意である。問題なのは、ルソーの普遍意志には二つの難問があったということである。一つは、普遍意志が特殊意志に対立することがある場合には、普遍意志は強制力をもって特殊意志を従わせることである。「彼の特殊意志は、共同の利益とはまったく違ったふうに彼に話しかけることがある」のである。そしてみずからの特殊意志にしたがって、「普遍意志への服従を拒む者はだれでも、団体全体によって服従を強制される」(52)ことになる。これは多数者による少数者の圧制の問題をもたらすのである。

第二の難問は、普遍意志が全体意志と異なるものであることによって生まれる。全体意志は特殊意志の合計であり、「私的な利益にかかわる」もので、すべての国民の私的な意志の合計である。しかし普遍意志は私的な利益ではなく、「共同の利益だけを考慮する」(53)ものである。問題なのは、普遍意志がこのように全体の意志と別の資格をもっているために、普遍意志を僭称して、国民の全体を支配することが可能となることである。全体主義的な支配の萌芽がここに潜んでいる。これは第一の難問とは反対に、少数者が多数者に圧制を加える可能性をもたらすものである。

カントの国家成立の理論は、この二つの難問を巧みに回避しようとするものである。まずカントは、共和制はかならず代表制を採用することを強調する。ルソーは代表制を否定した。代表を選出した瞬間から、国民は自由を放棄して、鎖につながれると考えたからである。しかし民主制で全員一致を標榜する瞬間から、その一致した意見に賛成しない人物は排除されるか、抑圧されることになる。

カントはこれにたいして、立法者と行政者を分離する共和的で代議的な体制を想定することで、多数者による少数者の圧制を防ごうとする。「代議的でないすべての統治形式は、ほんらいまともでない形式である。というのは立法者が同じ人格において、同時にその意志の執行者となりうるからである」(一七一ページ)。立法者は実際に統治することがないために、ケーキを割る悪魔と同じように、理性的な思考をして最善の決定を下す。そして行政者は立法に従って、可能なかぎりに合法的な統治を行う。このことで多数者の利害が少数者の利害を抑圧することが防げると考えたのである。

第二の難問にたいしては、カントは全体意志と別の資格をもつ普遍意志のようなものを否定する。決定を下すのは、国民の理性的な考察、いまその場で何が普遍的な妥当性をそなえた原則であるかを考える姿勢である。啓蒙の理念のもとで、すべての国民がみずから考えること、そのことによって、ある支配者に抑圧的な支配を行わせる可能性を根絶できると考えたのである。

どちらも現代にいたるまで重要な難問をそなえていることは、ぼくたちの日常的な社会的な決定にかかわる問題と、ファシズムのような全体主義の問題のいずれもが明らかにしたことである。カントのように思考する啓蒙された理性的な存在を根拠にすることは、困難なものとなりつづけているが、民主主義の重要な理念の一つであることはたしかだろう。

さてこのようにカントの構想した国家は、理性的な市民が啓蒙の精神のもとで作りあげる共和制の国家であった。この国家においては、戦争をする場合にも決定を下すのは国民みずからである。君主や貴族が支配している場合には、その費用も生命の負担も君主や貴族が負うことはない。結局は国民に転嫁されるのである。だから共和制でない国家は、すぐに戦争を始めるに違いない。

しかし共和制の国家では、戦争という「割に合わない〈ばくち〉」（一六九ページ）には躊躇して当然なのである。だからカントはもしも永遠平和を実現することができるのであれば、国家は共和制の政体を採用していることが必要だと考えるのである。これが永遠平和の実現のための第一確定条項である。

第三節　国際法における平和の条件

■国家の自然状態

さて、国家の内部ではこのように共和制を採用していたとしても、諸国の間はまだ自然状態が支配している。諸国に自由と平等と独立の原則をもって行動するように強制する外的な法も審級も存在しないからである。「民族は自然状態においては、すなわち外的な法にしたがっていない状態では、たがいに隣あって存在するだけでも、ほかの民族に害を加えるのである。だからどの民族も、みずからの安全のために、個人が国家において市民的な体制を構築したのと同じような体制を構築し、そこでみずからの権利が守られるようにすることを、ほかの民族に要求することができるし、要求すべきなのである」(一七五ページ)。これが国際的な連合である。

ただ問題なのは、自然状態にある人々には強制して国家を設立させることは可能であるが、国家にたいして国際法でこうした国家連合を設立するように強制することはできないのである。「というのはどの国家もすでに国内では法的な体制を確立しているので、ある国がみずからの法の概念にしたがって、他国に命令しようとしても効力はないのである」(一八〇ページ)。

だから永遠平和が可能となるためには、さまざまな国家が強制によらずに、自主的に連合を形成して、戦争を根絶することが必要である。もしも外部からの強制によって共同体を設立するとなると、これは世界国家というものになるだろう。そこでは戦争は根絶されるかもしれないが、民族の差異が解消されてしまい、さまざまな国家の競合という概念そのものが消滅する。さまざまな国家はたがいに競合することで、国内の自由と文化を確保すると考えられているために、これは自由と文化の消滅をもたらす可能性があることは、カントがすでに考察していたことである。

だから世界国家は永遠平和を確立するための「積極的な理念」ではあるが、それは自由と文化の消滅のもとで、歴史の終焉とひとしいものとなる危険性を秘めているのである。そこでカントが提案するのは、世界国家の樹立ではなく、「たえず拡大しつづける持続的な連合」(一八三ページ)という消極的な理念である。「この連合が戦争を防ぎ、法を嫌う好戦的な傾向の流れを抑制する」(同)ことを期待するほかないのである。これが永遠平和のための第二の確定条項となる。

第四節　世界市民法における平和の条件

■歓待の権利と植民地の戒め

カントは最後に世界市民法的な見地から、永遠平和の確保のための補足的な規定を定める。第一の規定は、歓待の権利である。これは外国から訪れた人が平和に行動する限りは、滞在を認められる権利であり、「昔からの住民との交通を試みる可能性の条件を提供するもの」（一八六ページ）である。

これは滞在権ではなく、平和的に訪問する権利である。カントがこの権利を永遠平和の条件の一つとして求めたことのうちに、ぼくたちは自立した思考のための三つの条件の残響を聞き取ることができる。他《た》なる地から訪れた人を歓迎し、迎えいれること、それはたんに外国人に領土への立ち入りを認めるという恩恵をほどこす行為ではない。他《た》なる声を、他《た》なる意見を耳にして、「相手の立場になって考える」ための貴重な機会を獲得することなのだ。

地球は広く、さまざまな民族が居住する。そしてぼくたちは他国を訪問してみなければ、他の諸国の人々がどのように生活をしていて、どのような考え方をしているかを学ぶことはできない。外国を訪れること、それは「拡張された思考の原則」を鍛えるためには非常に有益なレッスンとなるのである。そのためには外国を訪れる可能性が確保されていなければならない。歓待の権利はそのためにもある。(54)

しかし同時にこの権利は、外国から他者を迎えいれて、ぼくたちの知らない思考と生き方を学ぶ機会を提供してくれるものでもある。外国を訪問する機会をもてない者にも、新しい視点から自分たちの生活を見直すためのチャンスがえられるのである。そしてこれまで知らなかった「世界の遠く離れた大陸がたがいに平和な関係を結び、やがてはこの関係が公的で法的なものとなり、人類がいずれはますます世界市民的な体制に近くなる」(一八六ページ)ことも期待できるのである。グローバリゼーションが進んだ現代にあって、ぼくたちは世界市民(コスモポリタン)として生きる方法を模索するためにも、この原理についてもう一度思いをめぐらせるべきだろう。

フランスの哲学者のデリダは、移民の入国と権利付与をめぐってこのカントの歓待の思想を考察しながら、現代の世界は「絶対的で、無条件で、誇張的な歓待」の理念を必要としていることを強調した。(55)現実の問題としてすべての移民希望者にこのような歓待を与えることは不可能である。しかし扉を閉ざしてしまう前に、他国の人間を「歓待する」ことによって、他者がうけとることのできる権利について、ぼくたちがうけとるはずだった恩恵について、考え直してみることは、必要なことなのではないだろうか。

ところで現代史においては、西洋の諸国はこの歓待の権利を悪用してきた。ヨーロッパの諸国はアフリカ、アジア、アメリカの土地を訪問し、その土地をあたかも無住の地でもあるかのように征服し、植民地としたのだった（このリストにぼくたちは西洋の諸国だけでなく、日本と、海外植民地での日本の蛮行を追加しなければならないのは残念なことである）。「商業のための支店を設置するという口実で外国から軍隊を導入し、この軍隊の力で住民を圧迫し、現地のさまざまな国家を扇動して戦争を広めさせ、飢餓や叛乱や裏切など、人類を苦しめるあらゆる種類の悪の嘆きをもたらした」（一八七ページ）のである。

カントはこのような蛮行を禁じるべきだと考える。これは永遠平和のための障害となるからである。それは地球がグローバルなものとなったため、そして「拡張された思考」のもとでは、地球の遠隔の場所で犯された蛮行も、すぐにぼくたちに影響するようになったからである。そしてカントは、「世界市民法という理念は空想的なものでも誇張されたものでもなく、人類の公的な法についても、永遠平和についても、国内法と国際法における書かれざる法典を補うものとして必然的なものなのである。そしてこの条件のもとでのみ、人類は永遠平和に近づいていることを誇ることができる」（二九一ページ）ことを、この論文の結論としているのである。

結論に代えて

■自然の概念

さてカントはここまで永遠平和を実現するため国内体制、国際的な連合、世界市民法的な原則について考察してきた。どのような国家であれば、どのような世界であれば永遠平和を実現できるだろうかと自問し、その問いに答えるための「提案」を提示したのだった。二つの大きな大戦を経て、湾岸戦争、アフガニスタンやイラクの戦争を目撃しているぼくたちには、現代が戦争に呪われている時代のようにみえる。

こうしてみると永遠平和は、ほんとうに人類の墓場の廃墟においてしか実現されないかのようである。しかしカントは人類について尽きることのない希望を抱いてきた。

人間のうちに道徳的な心が存在するかぎり、人類は進歩しつづけるに違いないと考えていたのである。カントはそれが自然の目的であり、摂理であるとまで考えていたのだった。

カントがなぜそのように考えたのかを明らかにしているのが、この論文の第一追加条項「永遠平和の保証について」である。すでにぼくたちは、カントが人間を自然の最終目的であると同時に、究極の目的であると考えていたことを確認してきた。カントは自然が人間に自然の最終目的で究極目的としての地位を与え、しかも永遠平和に向かうことを「保証」していると考えているのである。それではこの自然はどのようにしてそのような保証を与えることができるのだろうか。

カントが提示する「保証」について考察する前に、カントにおける「自然」の概念を再確認しておこう。カントは自然という語をさまざまな意味で使っていて、ときには読者はどの意味が使われているのか、混乱してしまうこともあるからだ。

第一の自然の概念は、自然そのものである。これは機械的に運行する自然であり、厳しい規則性にしたがう。天体はかならず同じように運行されるし、塔の上から落とした壺は必ず下に落ちる。初期のカントはこの自然について「活力測定考」などの論文で検討した。

この自然は、機械的に運動するようにみえる生の自然であるが、『純粋理性批判』では人間が表象のもとで認識することのできる自然の世界について考察し、その認識の構造を提示する。人間は自然の世界をそのものとして、物自体として認識することはできないが、人間の認識構造に固有の形で自然を表象することができ、自然を科学的に研究し、その法則をみいだすことができる。人間が表象した自然、ニュートンの法則が妥当とする自然、それがカントにおける第二の自然の概念である。ここには「目的」と言えるものはない。人間がそこにある規則的な法則性をみいだすことができるだけであり、それが第一の意味での自然そのものの法則であるという保証はないのである。

第三の自然の概念は、『判断力批判』で考察された自然の概念である。風に揺れる花、遠くに聳える山脈、色鮮やかな蝶や鳥たち、これらはすべて生命をもち、たとえがたいほどの美をそなえている。このような美と秩序がいかなる目的にもよらずに存在するとは考えがたいことである。個々の生物はその一つ一つが目的であり、生ける自然は目的そのもののようにもみえる。

最後にカントは、地球全体を一つの自然の秩序として考察し、この自然の秩序のうちに、目的の連関と階層構造を考えることがある。たとえば「永遠平和のために」の論文でも、流木の用途や、駱駝やトナカイなどの存在は、人間がこの地球で生きるための目的と手段という観点から考察されていた。さらに「人類の歴史の憶測的な起源」の論文で考察されたのは、神が創造したこの地球という自然の全体のうちの階層構造であり、さまざまな生物はそれぞれが最終目的であるが、そのうちでも人間だけが、自然の究極の目的そのものとされていたのだった（八一ページ）[56]。この自然は、人間が最終目的に向かって進歩するように配慮する自然である。

ここで重要なのは、最後に挙げた配慮する自然、人間の歴史を見守り、人間の進歩のために配慮する自然である。この見守る姿勢から、これが神を暗示していることはたしかである。カントは実際にこれを摂理と呼んでいるのである。ただし宗教論ではない場所では、「人間があたかも摂理を認識できるかのごとくにふるまって摂理という語を使うよりも、自然という語を使うほうが、人間の理性の限界を考えると適切であり、謙虚でもあろう」（一九三ページ）と断っているほどだ。

ただしこの神の概念を、ユダヤ教とキリスト教の一神教の「主なる神」と同じものと考えるべきではない。カントは宗教論では何度も、神の擬人化を戒めているのであり、カントにとって自然はもっと抽象的で普遍的な意志のようなものなのである。

■自然の配慮

カントはこの自然はさまざまな方法で、人間が永遠平和に向かって進むように「保証」を与えていると考える。まず自然は人間が地球の隅々まで広がるように配慮した。人間が砂漠を横断できるように、「砂漠の船舶」としての駱駝を創造し、極地でも生活できるようにトナカイなどの生物を創造した。シベリアの北海には流木をうちあげさせて、住居や薪や橇の素材を与えた。

次に戦争という手段によって、さまざまな民族を争わせ、散らして、このように僻地にまで広がらせた。そして自然は非社交的な社交性を人間に植えつけることで、たがいに競わせて、人々を対立させ、民族を対立させた。この対立のためにやがて人々は国家を設立し、国家連合を設立するようになったのである。これらはすべて自然の配慮によるものであるとカントは考える。

さらにこれらの諸国は統一されることなく、地球のさまざまな地に分立して、交易を営むようになる。これらの諸国は商業によってたがいに密接な関係に結ばれるために、戦争はこの関係にとって大きな障害となる。このため戦争の危険性があると、諸国は手をむすんで、戦争の勃発を回避するようになるだろう。

このようにカントのこの論文は、永遠平和を目指すための提案でありながら、平和そのものが人間の間に実現するとは想定しておらず、反対に戦争こそが人間をたえず進歩させると考えているかのようである。カントは戦争を憎むが、戦争なしの完全な平和状態では、人間が進歩する原動力が失われると考えるのである。

もしも世界王国が樹立されて完全な平和が訪れたならば、「法はその威力を失ってしまうものであり、魂のない専制政治が生まれ、この専制は善の芽をつみとるだけでなく、結局は無政府状態に陥る」（二〇八ページ）とまで考えるのだ。これはカントのこの論文の最大の逆説であろう。カントは永遠平和をめざす。しかしそれが実現することは「善の芽をつむ」専制を生むだけである。「専制政治のように、すべての力を弱めることによって、自由の墓場の上に作りだされるものではなく、さまざまな力を競いあわせ、その均衡をとることによって生まれ、確保される」（同）平和こそが望ましいのである。しかしこれは永遠の平和ではなく、力のバランスの上にたった仮《かり》初《そめ》の平和にすぎないのではないだろうか。

■カントの思考のダイナミズム

この逆説は解決されることはない。しかしこれはカントの思考の内的な矛盾であるよりも、物自体である道徳的な存在としての人間（ホモ・ヌーメノン）であるとともに、感性的で現象的な世界の住人（ホモ・フェノメノン）として生きることを強いられている人間の宿命を反映したものだというべきだろう。人間はそのうちに道徳心を蔵した自然の究極目的である。しかし同時に人間の歴史は悪の歴史であり、完全に善である人間は一人も存在しないのである。人間は最高善を目指しながらも、つねに根源悪を実現する可能性のもとで生きつづけるのである。

この人間の両義性を顕著なまでに示しているのが、自然の目的としての人間の地位の両義性である。すでに確認してきたように、人間はその存在そのものが目的であり、道徳性をそなえた善なる存在である。そしていまここに生きている人間、この人間をぼくたちは手段としてだけでなく、目的として扱う必要がある。すべての人間には目的として扱われるべき尊厳があり、この一度限りの命は比較しようがないほどに貴いものとされている。道徳的な人格をもつ人間は、「叡智体としてのわたしの価値をわたしの人格性によって無限に高める。この人格性において、道徳的法則が動物界からさえも独立した生命をわたしに開示する」[57]のである。

ところがこの無限に高い人格をそなえているはずの人間は、まだ道徳的な理想からすると、遠い道程を前にしている。人間は自然の究極の目的としての自己を完成するには、まだ未成熟すぎるのである。啓蒙はまだ始まったばかりであり、将来の世代がいつか完全な道徳状態に到達することを期待することができるだけである。現在の世代はそのための材料にすぎない。

進歩という概念には、つねに過去を貶めると同時に、未来からみて現在を貶める契機が含まれる。進歩するかぎり、まだ人間は完全ではなく、将来における完成を期待できるだけである。進歩という概念には「カントの考える人間の尊厳という概念に矛盾する」[58]ものがあるのである。

■希望、格律、原則

カントの傑出したところは、この裂け目のうちに立ち尽くすところである。ヘーゲルのように歴史の目的が実現されたと考えたならば、もはや歴史に新しい出来事は起こらず、哲学者の仕事はその目的を解読することにすぎない。晩年のヘーゲルはいかにも退屈そうである。

これにたいしてカントは同時代に訴えかけることをやめない。同時代を解読することをやめない。いま・ここにおいて、みずからを改善することをやめない。カントは「いま・ここ」の哲学者なのだ(59)。カントはこの未来と現在の分裂のうちに生きながら、哲学しつづけるのである。そのためにカントは三つの試みを提示している。歴史が進歩しつづけているという兆候をみいだし、そこに希望をかけること、進歩していくプロセスにおいて、人間の価値と道徳性にふさわしい存在でありつづけるための主観的な原則（格律）を示すこと、そして同時代にたいして、みずから正しいと判断したことを語るための原則を提示することである。

まず、最初の同時代の解読について考えてみよう。カントは歴史について三つの考え方があることを確認する。歴史は悪しき方向に向かって退歩しているか、まったく変化なく停滞しているか、善き方向に向かって進歩しているかである。第一の考え方は道徳的な恐怖主義《テロリスム》であり、「万物の終焉」で考察されたこの世の終わりとしての最後の審判の訪れである。第二の考え方は愚民主義《アブデリティスム》であり、道徳的な改善を試みても、シジフォスのように空しくもとの状態に陥ると考えるものである。第三の考え方は幸福主義《エウダイモニスム》であり、「世界市民という視点からみた普遍史の理念」では「哲学なりの千年王国説」(五六ページ)と呼ばれたものだった(60)。

もちろんカントは道徳的な進歩を信じる。しかしたんに信念として道徳的な進歩を象徴するのではなく、時代のうちにその兆候を確認し、解読し、人々を道徳的な進歩に向けて励ます必要があると考える。進歩すると言えるためには、「何らかの経験が生じる必要がある(61)」からである。

その重要な兆候としてカントがあげるのが、フランス革命である。ジャコバン派のテロルを目撃していたカントは、革命という方法での政府の転覆には賛成しない。フランス革命そのものは「悲惨と残虐行為に満ち(62)」たものであり、思慮ある人間であれば、二度と企てたくはないようなものである。それでもフランス革命には人間が道徳的に進歩しつづけていることを告げる明確な兆候が二つあったとカントは考える。

一つはフランス革命によって実現されたものは、「国民がともに立法的であるような」共和的な体制に向かっての進歩であり、「自然法的体制の進化(63)」であることだった。それまでの君主と貴族が統治する国家が、市民たちが立法に参加し、みずからを統治する体制へと確実に転換したからである。これは諸国が共和的な体制に向けて進んでいることを示す明確な兆候と思えた。

もう一つは、革命に参加せず当事者でないプロイセンの人々が、片田舎にいたるまで革命の進行に熱狂し、これを支持したことである。フランス革命において、「人類はこの道徳的なものの成就の望みと成就の試みにたいして、きわめて普遍的で非利己的な共感をもって歓呼の声をあげた(64)」ことである。当事者ではない人々、その出来事によって利益をえない人々がこの出来事に熱狂したことは、「純粋に道徳的なものにのみ向かう(65)」ものであり、人間が道徳的な進歩をつづけることを予言することのできる兆候となるのである。

またこの道徳的な改善は、カントにとってはたんに歴史的な出来事において解読すべきものであるだけでなく、日々の営みにおいても実現されるべきものであった。歴史が改善されるという兆候は、こうした出来事だけではなく、「自然的な人間」である日常の人々の生活のうちにも、輝きでるべきものだったのである。カントは歴史の終焉の後の彼岸の生について思い患うのではなく、「神が嘉《よみ》する人生」を送ることだけが重要なのであると次のように語っている。未来の審判者の目の前で、「全生涯」が展開されるとき、恥じることのない人間でいられるかどうかが重要なのだと[66]。

カントは歴史の未来において人間が道徳的に完全な存在となり、自然の究極目的を実現することを望んでいた。しかしそれにいたる過程においては、人間にできることは、日々の生活において道徳的な原理を守りつづけること、そしてそのことによって神に嘉せられる存在であることを証明することだと考えたのである。

カントがこれをみずからの生の原理としていたこと、ある行為をすることが、「神に嘉せられる」存在にふさわしいものであるかどうかという観点から判断していたことはたしかだろう。そこにおいてこそ、カントの歴史哲学と道徳哲学が一致する場所があるのである。

かつてベンヤミンは、歴史の天使について、後ろを向いて嵐に押し流されながら、未来に進んでいるというイメージを思い描いていた。天使は現在の破局しか見ることができないが、進歩によって未来へと押し流されるのである。「私たちが進歩と呼んでいるもの、それがこの嵐なのだ[67]」と。ベンヤミンの天使は現在の瓦礫のうちに、未来への手掛かりを読みとろうとするかのようである。カントは未来への進歩を信じているものの、未来の完成した人類という理念からみるかぎり、現在の人間世界は瓦礫の集まりのような破局にすぎないことを認識している。もしかすると天国と比較した地上とは、宿屋であり、牢獄であり、狂者の宿であり、溝《どぶ》であり、厠《かわや》であるかもしれない（一二〇〜一二一ページ）。しかしカントは人類がいかなる時代にあっても、道徳的な原理を守ることで、「神の民」としての輝きを瓦礫のうちに残すことができると信じていたかのようである。

最後に、カントはたんに道徳的に望ましい行為をすることだけではなく、同時代において発言することによって啓蒙を進めることを望んでいた。啓蒙の原理にしたがって、学者が公的な理性を行使し、時代を改善し、人々に啓蒙の原理を守らせることは、哲学者としての使命だと考えていたのである。

カントがこれを哲学者の使命だと考えていたのは、「国民の啓蒙とは、自分が所属する国家に関する自分の義務と権利について、国民を公に教え導くこと(68)」であり、理性をもつ普通の市民であれば、その義務と権利について常識でも判断できるからこそ、「自由な法学者、すなわち哲学者(69)」がその任務をひきうけるのだと考えていたからである。哲学者は啓蒙の時代にあって、たんに哲学的な理論や体系を構築するのではなく、公的に発言することによって、人々を啓蒙するつとめがあるのである。そのために必要とされるのが、公的な発言の権利であった。カントはつねづね、哲学者は孤独のうちで思考の体系を構築するだけではなく、人々と語りあい、人々に思考を伝達する可能性が与えられない限り、思考するという行為そのものが不可能であることを確信していた。カントは、権力が話す自由と書く自由を奪うとしても、考える自由は奪われないはずだという考え方に反論する。「われわれが自分の思想を他者に伝達し、またみずからの思想をわれわれに伝達すべき他者とともにいわば〈共同で〉考えるのではなければ、いったいどれだけのことが、どのような正しさをもって考えられるだろうか(70)」と。

権力がもしも他者に思想を伝達する権利を奪うならば、それは思考する者に、考える権利まで奪うことになるのである。啓蒙の原理とは「自分で考える」ということであるが、自分で考えるためにはまず、公的に意見を表明する場、みずから真理と考えるものを語る可能性が与えられている必要があるのである。

カントはこの原理を「永遠平和のために」では、政治の原理として、公開性の原則として語っている。これは思考の原理と政治の原則を一致させるための原理である。

哲学者はみずからの考えることを発表する自由を与えられるべきである。これにたいして公法の超越論的な原理は、「他者の権利にかかわる行動の原則が、公開するにはふさわしくない場合には、その行動はつねに不正である」(二四一ページ)というものである。これが公法の成立の条件(超越論的な原理)と呼ばれるのは、すべての法律と行動について、その公正さをその内容からではなく、公開しても自己矛盾に陥らないという形式的な側面から判断できるからである。「政治がこのような後ろ暗い悪巧みをしても、哲学は公開性の原則を適用することで、こうした悪巧みをすぐに挫《くじ》くことができるだろう」(二五一〜二五二ページ)。

そのためには「政治が哲学者に、みずからの原則を恐れずに公表することを許すことが条件となる」(二五二ページ)。哲学者はみずからの思考の原則を公表し、政治や法律について吟味を加えることで、それが公正なものかどうかを判断することができる。そのためには哲学者は発言の自由を、みずからの原則を公開し、その原則に基づいて判断した結果を公開する自由を、そして他者と「共同で考える」自由を必要とするのである。

古代ギリシアのポリスでは、市民はみずから真理と信じることを政治の場で発言する権利を認められていた。これはパレーシアという権利だった[71]。この権利はローマにおいてもうけつがれ、西洋の政治の伝統において重要な役割をはたしたのだった。カントが哲学者として要求したものも、このパレーシアの権利と同じように、みずからの思索を公開し、他者との対話のうちで、みずからの思索を鍛えていく可能性を確保することだったのである。

（1）「哲学は、歴史的な認識の学ではない場合には、学習することができない。哲学においては、理性に関していえば、哲学的に思索する（フィロゾフィーレン）ことを学べるだけである」（カント『純粋理性批判』B八六五。邦訳は理想社版全集第六巻、一二六ページ）。

（2）「ヴォルフ哲学の体系を学んだ人は、たとえその全学説の体系と、すべての法則、説明、証明を諳じていて、すべてが掌を指すごとくであっても、それは結局はヴォルフ哲学に関する完璧な歴史的知識にすぎない。要するにその人は外から与えられただけのことを知り、またそれだけを判断する。……その人の認識は、みずからの理性から生じたものではないのである」（同B八六四。邦訳は前掲書一二四ページ）。

（3）カルロ・ギンズブルグ『チーズとうじ虫』杉山光信訳、みすず書房。
（4）ミシェル・フーコー「カントについての講義」小林康夫訳、『ミシェル・フーコー思考集成』X巻、筑摩書房、一七四ページ。
（5）ユルゲン・ハーバーマス『公共性の構造転換』第二版、細谷貞雄・山田正行訳、未來社、五五ページ。
（6）カント『判断力批判』四〇節。邦訳は『判断力批判』上巻、篠田英雄訳、岩波文庫、二三三ページ。
（7）同。邦訳は前掲書二三二ページ。
（8）同。邦訳は前掲書二三四ページ。
（9）カントのクリスティアン・ガルベ宛ての書簡、一七九八年九月二一日付け。アカデミー版全集第一八巻、四三三ページ。
（10）カントの倫理学の成立を告げる書物である『人倫の形而上学の基礎づけ』（一七八五年）は、「この世界において、それどころかおよそこの世界の外においてさえ、無制限に善きものとみなすことができるのは、ただ善意志だけである」（理想社版全集第七巻、深作守文訳、二一ページ）という宣言で始まる。

(11) ハンナ・アーレント『カント政治哲学の講義』第一三講、邦訳は浜田義文監訳、法政大学出版局、一一四ページ。
(12) ヘーゲル『歴史哲学』。邦訳は『歴史哲学』上中下巻、武市健人訳、岩波文庫。
(13) アレクサンドル・コジェーヴ『ヘーゲル読解入門』(上妻精・今野雅方訳、国文社)を参照されたい。
(14) ウィリアム・ペティ『政治算術』大内兵衛・松川七郎訳、岩波文庫。
(15) ヘーゲル『歴史哲学』序論。邦訳は『歴史哲学』上巻、武市健人訳、岩波文庫、一〇一ページ。
(16) 同。邦訳は前掲書一〇七ページ。
(17) カント『判断力批判』六四節。邦訳は『判断力批判』下巻、前掲書三一ページ。
(18) 同六五節。邦訳は前掲書三五ページ。
(19) 同六三節。邦訳は前掲書二五ページ。
(20) ルソー『エミール』第四編。邦訳は『エミール』中巻、今野一雄訳、岩波文庫、二三一ページ。
(21) 同。邦訳は前掲書九八ページ。

（22）この社会における結合と反結合の原理は、『自然科学の形而上学的原理』で考察された物理的な引力と反撥の原理を、社会に投影したものとも考えられる。E・カッシーラー『カントの生涯と学説』（門脇卓爾・高橋昭二・浜田義文監修、みすず書房、二三七ページ）を参照されたい。

（23）ルソー『学問芸術論』。邦訳は『ルソー全集』第四巻、三三ページ。次の引用は三六～三七ページ。

（24）カント『人倫の形而上学』第一部。邦訳は理想社版全集第一一巻、七七～七八ページ。

（25）カントは君主の教育に関して、同じ比喩で語っている。「王子の教育には長い間ずっと大きな欠陥、つまり幼少のころ王子にはだれも逆らわないという大きな欠陥があった。しかし野に孤立する樹は大きく曲がりくねって成長し、その枝を広げる。ところが森の真ん中に立つ樹は、そばの樹がこれに逆らうので、まっすぐに成長し、空気と日光を上に求める」（カント『教育学』。邦訳は理想社版全集第一六巻、二四ページ）。

（26）飯塚信雄『フリードリヒ大王』中公新書、三〇～三一ページ。

（27）ヘーゲルの欲望論と時間論については、前掲のコジェーヴの『ヘーゲル読解入門』を参照されたい。また後述のヘーゲルの家族論については、ヘーゲル『法哲学』第一七三節から第一八〇節の含蓄のある記述を参照されたい。
(28) カント『遺稿集』、理想社版全集第一六巻、三二一ページ。
(29) 同。邦訳は前掲書三二〇ページ。
(30) マルクス、エンゲルス『ドイツ・イデオロギー』廣松渉編訳、岩波文庫、六七ページ。
(31) アレクサンドル・コジェーヴ『ヘーゲル読解入門』前掲書、二四七ページ。
(32) 飯塚信雄『フリードリヒ大王』前掲書、二〇〇ページ。
(33) この私的な書簡と、カントがフリードリヒ二世に宛てた抗弁の書簡は、カントが「諸学部の争い」の序言で発表するまで、非公開なままだった(カント『諸学部の争い』、カント全集一八巻、角忍・竹山重光訳、岩波書店、一〇〜一一ページ)。
(34) カント『人倫の形而上学』第二部公法、四五節。邦訳は前掲の理想社版全集第一一巻一七六ページ。
(35) 同、四四節。邦訳は前掲書一七六ページ。
(36) 同、五三節。邦訳は前掲書二一九〜二二〇ページ。
(37) 同、五四節。邦訳は前掲書二二一ページ。
(38) 同、六二節。邦訳は前掲書二三一ページ。

(39)同、四五節。邦訳は前掲書一七六ページ。

(40)同、四六節。邦訳は前掲書一七七ページ。

(41)アリストテレス『政治学』、とくに第七章を参照されたい。ただしこれはローマ的な伝統に依拠したものであり、アリストテレスはここで「民主制」に該当するものを国制（ポリテイア）と呼び、衆愚政治に妥当するものを「民主制」と呼ぶので注意されたい。アリストテレスにとっては「民主制」（デモクラティア）とは、「貧困者の利益を目標とするもの」（『アリストテレス全集一五巻』山本光雄訳、岩波書店、一〇八ページ）だからである。

(42)カント「理論と実践」第二節。岩波版全集一四巻、一八七ページ。

(43)同。邦訳は前掲書一八七〜一八八ページ。

(44)同。邦訳は前掲書一八八ページ。

(45)同。邦訳は前掲書一八八〜一八九ページ。

(46)同。邦訳は前掲書一九四〜一九五ページ。

(47)同。邦訳は前掲書一九四ページ。

(48)ライスが指摘しているように、『覚書』やさまざまな文章から判断する限り、カントの共和制では「主権は人民にある、あるいは少なくとも人民に由来するということ、そして人民が立法権を持たなくてはならないということは、明らかにされている」のである（ハンス・ライス『カントの政治思想』樽井正義訳、芸立出版、五二ページ）。

（49）ルソー『社会契約論』第三篇第四章。邦訳は『ルソー全集』第五巻、白水社、一七五ページ。

（50）ルソー『社会契約論』第一篇第六章。邦訳は前掲書一二一ページ。

（51）同。邦訳は前掲書一二二ページ。

（52）同、第一篇第七章。邦訳は前掲書一二五ページ。

（53）同、第三篇第四節。邦訳は前掲書一三五ページ。

（54）訪問権と「拡張された思考の原則」の結びつきについては、「拡大された心性をもって思考することは、自分の構想力を訪問《ヴィジティング》〔視察〕に出かけるよう訓練することを意味する」というアレントの指摘を参照されたい（ハンナ・アーレント『カント政治哲学の講義』。邦訳は前掲書六一ページ参照）。

（55）ジャック・デリダ、アンヌ・デュフールマンテル『歓待について』廣瀬浩司訳、産業図書、九七ページ。

（56）カントのこれらの自然概念については、佐藤全弘『カント歴史哲学の研究』（晃洋書房）を参照されたい。佐藤は五番目の自然として、社会との対立として考察された自然を考える。人間が国家を形成する以前にある自然状態の自然である。ただしこの自然は宇宙としての自然とは異なる概念であるので、ここでは検討しない。

（57）カント『実践理性批判』第二部の結語。邦訳は理想社版全集第七巻、三六九ページ。

（58）ハンナ・アーレント『カント政治哲学の講義』。邦訳は前掲書一一九〜一二〇ページ。シュヴァイツァーはかつてこの両義性を二つの思想の対立として考察した。「第一の思想の系列においては、神は道徳的進歩のただなかにいる人類に、その完成に達するための救助の手を与えるが、第二の思想の系列においては、神は個人に彼の道徳的価値の状態に応じて最高善を頒与する」（『シュヴァイツァー著作集』第一五巻、斎藤義一・上田閑照訳、白水社、一〇八ページ）。ここでは道徳的な尊厳とその完成に関して、「現在と未来との間には大きな裂け目」が穿たれ、この裂け目は架橋されることがないのである。

（59）これについてはゲオルク・ピヒト『いま、ここで』（斎藤義一監修、法政大学出版局）のカント論も参照されたい。

（60）カント『諸学部の争い』第二部第三節。邦訳は前掲書一一〇ページ。

(61)同、第五節。邦訳は前掲書一一五ページ。
(62)同、第六節。邦訳は前掲書一一六ページ。
(63)同、第七節。邦訳は前掲書一二〇ページ。
(64)同。
(65)同、第六節。邦訳は前掲書一一八ページ。
(66)カント『宗教論』第二篇。邦訳は理想社版全集第九巻、一一三ページ。
(67)ベンヤミン「歴史の概念について」『ベンヤミン・コレクション』一巻、浅井健二郎編訳、ちくま学芸文庫、六五三ページ。
(68)カント『諸学部の争い』第二部第八節。邦訳は前掲書一二二ページ。
(69)同。
(70)カント「思考の方向を定める問題」(一七八六年)。邦訳は理想社版全集第一二巻、二五ページ。
(71)パレーシアの概念についてはミシェル・フーコー『真理とディスクール』中山元訳、筑摩書房を参照されたい。

訳者あとがき

本書は、カントの歴史哲学と政治哲学に関連した重要な論考、「啓蒙とは何か」(一七八四年)、「世界市民という視点からみた普遍史の理念」(一七八四年)、「人類の歴史の憶測的な起源」(一七八六年)、「万物の終焉」(一七九四年)、「永遠平和のために」(一七九五年)を収録したものである。

思えば一九世紀から二〇世紀は、国民国家の時代だった。カントを継いでドイツ観念論を大成したヘーゲルの哲学が、さまざまな小国に分裂したドイツの統一を夢見る哲学であったことに象徴されるように、政治哲学の中心的なテーマは国家がどのようにして成立し、維持され、他の国家と競合してゆけるかということにあった。

そして二〇世紀の半ばには、多くの植民地が解放されて、それぞれが国家として独立した体制を構築するようになった。それとともに、国家を超えた体制に対する注目が高まるようになったのである。国際連盟と国際連合の歴史、そしてＥＵの歴史は、国家を超えた体制を求めて模索する歴史でもある。そして現代のグローバリゼーションの時代において、国家と、国家を超える体制の関係がきわめて緊張したものとなってきたのである。

こうして一八世紀の啓蒙への夢と、ヨーロッパ的な共和国の夢がまだ生きていた時代のカントの思想が新たな意味をもって蘇ってきた。カントの時代は、政治哲学において超国家的な体制についての思索が生き生きと紡がれていた時代である。カントの政治哲学は、一八世紀の古い「殻」を残しながらも、日常的な思考がそのままグローバルな思考となる形で結実したものなのである。解説でもふれたように、現代にいたってカントの政治哲学が真の意味で、アクチュアルなものとなり始めたと言えるだろう。

本書の翻訳にあたっては、光文社の翻訳出版編集部の駒井稔編集長と、編集者の今野哲男さんに大きな励ましをうけた。読者の方々に、カントの政治哲学と歴史哲学のアクチュアルな意味を読み取っていただくために、あえてカントの哲学用語を使わずに翻訳することにしたのも、お二人の励ましによるものである。カントが教えるように、何よりも必要なことは知識ではなく、「自分の頭で考える」ことであり、そのために哲学的な概念が邪魔になっては意味のないことだからだ。

ただし本書を読んで、カントのもっと哲学的な著作を読みたいと思われた読者のために、訳注と解説ではカントの哲学的な概念をとりあげて説明しておいた。他の著書を読むための「足掛かり」のようなものと、お考えいただきたい。「自分の頭で考え」ていけば、こうした概念にも戸惑うこともなくなるはずである。

本書が現代の政治の世界について考えるために少しでも役立つことを願いつつ。

中山元

kobunsha classics
光文社古典新訳文庫

永《えい》遠《えん》平《へい》和《わ》のために／啓《けい》蒙《もう》とは何《なに》か　他《ほか》3編《ぺん》

著者　カント
訳者　中山《なかやま》元《げん》

2006年9月20日　初版第1刷発行
2022年4月20日　　　第14刷発行

発行者　田邉浩司
印刷　新藤慶昌堂
製本　ナショナル製本

発行所　株式会社光文社
〒112-8011東京都文京区音羽1-16-6
電話　03（5395）8162（編集部）
　　　03（5395）8116（書籍販売部）
　　　03（5395）8125（業務部）
www.kobunsha.com

ISBN978-4-334-75108-1 Printed in Japan

いま、息をしている言葉で、もういちど古典を

長い年月をかけて世界中で読み継がれてきたのが古典です。奥の深い味わいある作品ばかりがそろっており、この「古典の森」に分け入ることは人生のもっとも大きな喜びであることに異論のある人はいないはずです。しかしながら、こんなに豊饒で魅力に満ちた古典を、なぜわたしたちはこれほどまで疎んじてきたのでしょうか。

ひとつには古臭い教養主義からの逃走だったのかもしれません。真面目に文学や思想を論じることは、ある種の権威化であるという思いから、その呪縛から逃れるために、教養そのものを否定しすぎてしまったのではないでしょうか。

いま、時代は大きな転換期を迎えています。まれに見るスピードで歴史が動いていくのを多くの人々が実感していると思います。

こんな時わたしたちを支え、導いてくれるものが古典なのです。「いま、息をしている言葉で」――光文社の古典新訳文庫は、さまよえる現代人の心の奥底まで届くような言葉で、古典を現代に蘇らせることを意図して創刊されました。気取らず、自由に、心の赴くままに、気軽に手に取って楽しめる古典作品を、新訳という光のもとに読者に届けていくこと。それがこの文庫の使命だとわたしたちは考えています。

このシリーズについてのご意見、ご感想、ご要望をハガキ、手紙、メール等で翻訳編集部までお寄せください。今後の企画の参考にさせていただきます。
メール　info@kotensinyaku.jp

光文社古典新訳文庫　好評既刊

純粋理性批判（全7巻）
カント
中山元 訳

西洋哲学における最高かつ最重要の哲学書。難解とされる多くの用語をごく一般的な用語に置き換え、分かりやすさを徹底した画期的新訳。初心者にも理解できる詳細な解説つき。

善悪の彼岸
ニーチェ
中山元 訳

西洋の近代哲学の限界を示し、新しい哲学の営みの道を拓こうとした、ニーチェ渾身の書。アフォリズムで書かれたその思想を、肉声が音楽のように響いてくる画期的新訳で！

道徳の系譜学
ニーチェ
中山元 訳

『善悪の彼岸』の結論を引き継ぎながら、新しい道徳と新しい価値の可能性を探る本書によって、ニーチェの思想は現代と共鳴する。ニーチェがはじめて理解できる決定訳！

実践理性批判（全2巻）
カント
中山元 訳

人間の心にある欲求能力を批判し、理性の実践的使用のアプリオリな原理を考察したカントの第二批判。人間の意志の自由と倫理から道徳原理を確立させた近代道徳哲学の原典。

道徳形而上学の基礎づけ
カント
中山元 訳

なぜ嘘をついてはいけないのか？　なぜ自殺をしてはいけないのか？　多くの実例をあげて道徳の原理を考察する本書は、きわめて現代的であり、いまこそ読まれるべき書である。